A guerra santa do gato

Dados Internacionais de Catalogação na Publicação (CIP)
(Câmara Brasileira do Livro, SP, Brasil)

Lisboa, Luiz Carlos
A guerra santa do gato / Luiz Carlos Lisboa. – São Paulo: Summus, 2002.

ISBN 85.87478-07-9

1. Brasil – História – Guerra de Canudos, 1897 – Ficção 2. Conselheiro, Antônio, 1828-1897 – Ficção 3. Ficção biográfica brasileira 4. Muçá, Adriano, século 19 – Biografia 5. Negros – Brasil – História I. Título.

02-5633   CDD-869.93

Índice para catálogo sistemático:

1. Romance biográfico :
Literatura brasileira 869.93

Compre em lugar de fotocopiar.
Cada real que você dá por um livro recompensa seus autores
e os convida a produzir mais sobre o tema;
incentiva seus editores a encomendar, traduzir e publicar
outras obras sobre o assunto;
e paga aos livreiros por estocar e levar até você livros
para a sua informação e o seu entretenimento.
Cada real que você dá pela fotocópia não autorizada de um livro
financia o crime
e ajuda a matar a produção intelectual de seu país.

A guerra santa do gato

Luiz Carlos Lisboa

A GUERRA SANTA DO GATO
Copyright © 2002 by Luiz Carlos Lisboa
Direitos reservados por Summus Editorial.

Capa: **Camila Mesquita**
Editoração: **All Print**

Departamento editorial:
Rua Itapicuru, 613 – 7º andar
05006-000 – São Paulo – SP
Fone: (11) 3862-3530
Fax: (11) 3872-7476
http://www.selonegro.com.br
e-mail: selonegro@selonegro.com.br

Atendimento ao consumidor:
Summus Editorial
Fone: (11) 3865-9890

Vendas por atacado:
Fone: (11) 3873-8638
Fax: (11) 3873-7085
e-mail: vendas@summus.com.br

Impresso no Brasil

A meu avô
Francisco de Paula Oliveira,
chamado Chico Donato,
que guardou durante
tantos anos os manuscritos
de Adriano Muçá Miller.

Sumário

1 UM MISTÉRIO NO SERTÃO 9

2 EPÍSTOLA DO BOM JESUS CONSELHEIRO 23

3 UM ESPANTO NA RUA DA ESPERANÇA 35

4 SEMPRE A LIÇÃO DOS PÁSSAROS 49

5 ENCONTROS NUMA CIDADE AMÁVEL................................. 61

6 UM ARTIGO NA FOLHA.. 75

7 MORRE A ALMA PARA O MUNDO 87

8 GUERRA NO MUNDO E NO CORAÇÃO 99

9 NOTÍCIAS DA GUERRA E A ÚLTIMA CEIA 111

10 NOVOS AMIGOS NA BAHIA.. 123

11 O ARRAIAL, COMO NUM SONHO 137

12 *INTERVIEW* COM O CONSELHEIRO 149

13 VIDA E MORTE DE ADRIANO MUÇÁ MILLER, ESCRAVO,
GUERREIRO, VIAJANTE, GARIMPEIRO, JORNALISTA,
PENSADOR E SANTO, MEU AVÔ... 159

Um mistério no sertão

janeiro de 1897

Atravesso a sala em largas passadas até a estante de jacarandá ao fundo. Quando abro uma de suas portas laterais, cai um livro da prateleira mais alta, que, com um movimento rápido, consigo agarrar antes que chegue à altura dos meus joelhos. Alguém segura um riso na sala e posso adivinhar quem seja. Mais alto do que eu ainda, os longos braços cruzados no peito e os lábios apertados para disfarçar a autoria do comentário, meu neto Ibraim acaba de perguntar a uma moça sentada aos pés dele, no sofá, se pareço alguém que está chegando aos noventa anos. "Não acredito. Noventa?", ela exclama baixinho, mas de um modo que me deixa escutar o que disse. Em poltronas grudadas perto das janelas, dois homens também altos e de pele muito escura estão sorrindo em silêncio. Ponho o livro no lugar e puxo uma caixa de madeira de um compartimento quase escondido na profundidade do armário, tirando dali um papel amarelado que tem uma data rabiscada a tinta no verso.

"Veja isso aqui. Foi por onde comecei", digo, estendendo o recorte na direção dos dois homens na poltrona. Soíca inclina o corpo para pegá-lo e o examina de perto. Um minuto depois ele começa a ler, na voz grave dos velhos hauçás que me acostumei a ouvir desde criança: "Apareceu no sertão do Norte um indivíduo

10 A GUERRA SANTA DO GATO

que dizem chamar-se Antônio Conselheiro, ou Bom Jesus Conselheiro, que exerce grande influência no espírito das classes populares servindo-se de seu exterior misterioso e costumes ascéticos, com o que se impõe à ignorância e à simplicidade. Deixou crescer a barba e os cabelos, e veste uma túnica de algodão". Soíca levanta os olhos e me pergunta de onde havia tirado aquilo. É um recorte da *Folhinha Laemmert*, datado de há vinte anos. Conto que sou muito amigo do Vítor Paiva, da editora Laemmert, para quem trabalhei como revisor por quase uma década. O próprio Vítor me deu cópias de notícias e comentários sobre Antônio Maciel, o Conselheiro, quando soube que me interessava pelo personagem. Aquele sertanejo de quem os jornais falavam, de longa túnica de algodão e um crucifixo de madeira ao pescoço, tem sido há tempo assunto de longas conversas nas reuniões do Valongo e na sala de visitas de minha casa. Agora, a cidade inteira falava nele com raiva e espanto. Soíca ouve com atenção, e ele, que sabe mais a respeito do que demonstra, apenas escuta, aquietado no seu lugar.

Adelaide chega trazendo uma bandeja com pastéis de palmito, copos de laranjada e suco de abacaxi, e as atenções se voltam imediatamente para ela. Leonor, a amiga que Ibraim havia trazido e já nos apresentara em visita anterior, bela e evidentemente enamorada dele, levanta-se para ajudá-la a servir, e faz-lhe perguntas sobre os pastéis. Minha mulher senta-se a meu lado quando todos estão servidos, e toma uma das minhas mãos como quem se desculpa por ter interrompido a conversa. O perfume das laranjeiras no quintal entra pelas portas da varanda, e eu respiro de novo aquela paz que chega sempre da noite lá fora, ou pela visão incompleta de um rosto ou objeto meio escondido na penumbra. Agora parece precioso o momento em que estamos todos mergulhados numa harmonia que desejo compartilhar com aquela gente querida. Naquele exato local, naquele certo instante, o céu nos acolhe num imenso abraço oferecido com generosidade, sem que nada seja pedido a ninguém em troca ou nenhum esforço seja necessário.

UM MISTÉRIO NO SERTÃO   11

O outro homem na poltrona, Parmênidas, corta o silêncio com sua voz também grave. Ele fez o *haji* no ano passado, e ainda está fascinado com o que viu em Meca e Medina, já tendo falado muito sobre sua experiência nas reuniões da rua Esperança, no Valongo. Esse grupo, que se reúne há quatro décadas no Rio, está ligado à alma e à tradição sufi, conhecida há mil anos entre os árabes como *at-ta-ifá*. "O que se diz na cidade sobre o Conselheiro é diferente de tudo o que temos conversado a respeito", diz Parmênidas. "Comenta-se que é mais político do que religioso, que odeia a República e quer a volta da Monarquia, que os homens do seu arraial estão cada vez mais bem-armados pelos fazendeiros e comerciantes do sertão, que todos lá têm saudades do Império", diz, movendo lentamente suas grandes mãos de dedos muito longos. Os olhos na sala voltam-se para mim, esperando uma palavra, enquanto Adelaide e Leonor olham uma para a outra, desejando trocar algumas palavras mas contidas pelo silêncio dos outros.

"Para meu avô, o Conselheiro é um homem raro", explica Ibraim, fazendo a preparação do que imagina que vou dizer em seguida. Balanço a cabeça de leve e deixo que prossiga com calma. "O que se fala do Conselheiro não é o que ele fala de si mesmo – que é nada, afinal –, mas uma mistura de desejos e de temores de tabaréus, senhores prepotentes do interior e sacerdotes treinados numa linguagem e num tipo de pensamento", continua meu neto. "Ele quer ser julgado pelos seus atos, segundo repete sempre, não pelos sermões que pregou no passado, dos quais são conhecidos trechos." Parmênidas levanta a mão lentamente e Ibraim se cala para ouvi-lo. "Alguns sermões do Conselheiro parecem obscuros...", diz nosso amigo do Valongo, "... e de suas ações nós sabemos bem pouco, acredito." Ibraim retoma: "Meu avô tem colecionado recortes, relatórios e entrevistas sobre esse personagem que vive agora no sertão da Bahia. Quase tudo nessas informações precisa ser traduzido, entendido, às vezes descontado e...". Ibraim não quer continuar porque se lembra da reserva que lhe pedi, quando lhe mostrei a cópia de um documento que recebi de um amigo, atribuído ao Conselheiro.

12 A GUERRA SANTA DO GATO

"Interpretado", concluo, correndo os olhos em volta antes de continuar: "E interpretado de um modo muito particular, à luz de um conhecimento do mundo que alguns chamam de sobrenatural, e que não sabemos de onde vem nem para onde vai, como São João se refere no seu evangelho ao Espírito. É mais uma percepção do que uma interpretação, mas a palavra aderiu quase perfeitamente à interpretação dos livros religiosos de todos os tempos". Depois de um breve silêncio, Soíca senta-se na beira da poltrona e fala: "Você tem dito nas nossas reuniões que nunca antes na história política ou religiosa do Brasil alguém se pronunciou dessa maneira...". Concordo com a cabeça e acrescento: "Exceto os malês na Bahia, por influência do sufismo plantado no coração do islamismo. Mas pelas mil razões que nós sabemos, isso se perdeu completamente nos últimos cinqüenta anos".

"Quase completamente", emenda Ibraim, entusiasmado. Entendo onde ele se engana, e atalho: "Não, meu fillho, perdeu-se completamente sim". Adelaide põe de novo sua mão sobre a minha e Leonor olha com ternura para meu neto. Teresa veio da cozinha para pegar a bandeja com os pratos, e pergunta a minha mulher se deve trazer mais pastéis e suco de frutas. Adelaide diz que sim, enquanto Soíca se levanta e aproxima de mim, contornando a mesa no centro da sala. O velho companheiro das reuniões do Valongo diz em voz baixa, como se quisesse falar somente comigo: "Mas o Conselheiro vai ser logo esquecido, quando alguma outra crise prender a atenção do país". Todos se debruçam para nós, quando ele termina sua frase. Olho longamente aqueles rostos queridos: "Não antes que toda vida lá no sertão de Canudos seja exterminada. Um homem como o Conselheiro é uma ameaça terrível para homens como os que estão no poder agora — e parece que eles estão sempre no poder, em toda parte — e têm a guerra como profissão. Basta ele ser como é para se constituir em perigo para essa gente. Se esboça alguma reação, como já parece estar acontecendo, torna-se o inimigo absoluto, a *nemesis* perfeita, um mal a ser combatido com todas as forças disponíveis".

Parmênidas lembra-se de que, outro dia, havíamos falado do Conselheiro, no Valongo, mas não entendia bem a relação que eu havia estabelecido entre o homem de Canudos, o espírito do Corão e o sufismo. Ibraim levantou as sobrancelhas e murmurou, como se falasse somente comigo: "Também não entendo". É o que chamamos de perguntas didáticas, feitas com a intenção de ajudar a pensar, suscitando idéias e concentrando o pensamento. Sento ereto na poltrona e chamo à memória algumas palavras: "O mais crucial dos trechos do Corão, para os sufis, é aquele em que se descreve o estabelecimento do pacto primordial entre Deus e a alma do homem e da mulher, num tempo anterior à criação do cosmo. A voz que interroga é a de Deus: Não sou eu por acaso o teu Deus? Isso ficou marcado no calendário islâmico como o dia do Alast, porque em árabe a pergunta é *Alastu bi-Rabbikum?* Alguns sermões e algumas frases atribuídas ao Conselheiro falam nesse chamamento, que está presente em todas as grandes religiões".

Leonor chega até nós e demora a fazer a pergunta que vinha antecipando nos gestos e na tensão: "Mas não é esse o homem que o Conselheiro Rui Barbosa chama de louco?". Soíca e Ibraim sorriem, mas ficam em silêncio esperando que eu diga alguma coisa. "É esse homem mesmo, mas você sabe que muitas vezes chamamos de loucos àqueles que não entendemos. Ou, melhor dizendo, aqueles que nós tememos." Faço uma pausa e prossigo: "O que sei desse homem, com alguma certeza, apesar da distância física que nos separa, é que se trata de um indivíduo incomum, um asceta possivelmente forjado na fome, na penitência, na seca, nas fadigas, nas injustiças, um homem do deserto, da grande tradição contemplativa de Santo Antão e de São Pacômio".

Andando lentamente de um lado para o outro sobre o tapete em frente do sofá, Soíca fala devagar, catando aqui e ali as palavras: "É sem dúvida um homem incomum, esse que perambula pelo norte do país há quase vinte anos, errando pelos sertões e pregando em lugares tão diferentes quanto Jaremoabo, Alagoinhas, Mocambo, Pombal, Tucano. Li um relatório do chefe de

14   A GUERRA SANTA DO GATO

polícia da Bahia, um certo Durval de Aguiar, sobre a passagem do Conselheiro pela cidade de Cumbe, e fiquei impressionado com o seu comportamento, mais do que com a sua pregação, que foi malregistrada. Há dez anos ele esteve no litoral, em Vila do Conde, dizia ele que para conhecer o mar. Sua fama de milagreiro é grande, mas para ele próprio isso não passa de lenda. O mais notável no Conselheiro é que ele atrai o povo que parece cansado da religiosidade vaga e superficial dos párocos do interior".

"As duas expedições enviadas contra ele no ano passado foram derrotadas pelos jagunços, e os soldados que chegaram de volta a Salvador contaram histórias de arrepiar", acrescentei. "Durante a luta, por exemplo, os homens do Conselheiro cantavam e rezavam; com uma das mãos disparavam suas armas e com a outra manejavam o facão. Os soldados haviam marchado duzentos quilômetros até Canudos e chegaram lá exaustos, entrando logo em combate. Os jagunços estavam descansados e moralmente fortalecidos pelo Conselheiro. O poder da palavra desse homem tem alguma coisa de mágico, mas é estranho como ele deixa seus seguidores escolher soluções por conta própria. Dificilmente um homem desses é um fanático". Fui até a janela para ver a noite lá fora. A imagem do Conselheiro imóvel em algum lugar naquele momento, e sua gente combatendo ao redor, chegou até mim sem que a procurasse. Deixei que ela se dissolvesse lentamente.

"Nos sermões ele usa metáforas estranhas e profundas", falei, voltando para o meio da sala. Ibraim, Soíca e Parmênidas permanecem imóveis, embora saibam por que não me refiro à carta que li aos três, em voz alta, na véspera. "O anticristo de que fala é um símbolo de muita coisa da República, com certa gente que cerca Floriano, o positivismo que impera no Exército, a arrogância de uma classe abastada que vive no Rio de Janeiro e age somente em função dos seus interesses, ignorando tudo sobre a própria pequenez e limitação." Continuo falando: "O que Lima Barreto, esse mulato brilhante que muita gente chama igualmente de louco, diz desses pedantes que sonham com Paris e mal co-

UM MISTÉRIO NO SERTÃO   15

nhecem a própria língua é a expressão da verdade. Nunca existiu o que o Conselheiro chama de Sul, mas existe, sim, uma capital envolta em sua própria mentalidade, totalmente desprovida de paz, de compaixão, enfim, de uma sabedoria mínima que é possível encontrar entre os chamados selvagens de todos os continentes. O Conselheiro não conhece o Rio de Janeiro, mas conhece o tipo de gente arrogante que vive lá, envergonhada de sua realidade e seduzida pelos refinamentos e artifícios da Europa". Faço uma pausa e continuo: "Há uma história do Conselheiro que li outro dia: quando um sertanejo o viu pela primeira vez, ajoelhou-se a seus pés, mas o taumaturgo obrigou-o a ficar em pé, dizendo: 'Levante-se que Deus é outra pessoa. Mas você pode encontrá-Lo no fundo de si mesmo'. Essa não é a linguagem de um fanático".

Sorvi devagar o suco de abacaxi no copo que Adelaide havia deixado ao meu lado. Com sua voz de timbre incerto, que ele ultimamente procurava modular, meu neto me chama pelo apelido como sempre faz: "Muçá, conta pra gente como foi sua conversa com aquele barbeiro cearense que conheceu o Conselheiro". Todos olham com ar brincalhão para Ibraim, porque conhecem seu jeito irreverente de brincar com as pessoas que ama.

Sorrio também e fico pensando um pouco. "José Vicente tem hoje uma barbearia no Beco do Fialho, e eu cortei o cabelo algumas vezes com ele", vou contando. "Conheceu o Conselheiro em Sobral, no Ceará, quando ele ainda era chamado pelo povo de Peregrino. Vivia ainda ali o padre Ibiapina, criador de mais de vinte casas de caridade no Nordeste, todas bem administradas por suas beatas. Vicentinho encontrou pela primeira vez o Conselheiro na casa do padre Ibiapina, o qual lhe falou de suas inquietações. Foi aconselhado por ele a percorrer o sertão para ajudar o povo pobre e desvalido daquele interior devastado pela seca. O padre Ibiapina e o Conselheiro se inspiraram muito no padre Cícero, que tinha um lado político muito forte."

"Um lado político?", interrompeu Ibraim, impulsivo.

"Sim, ele não foi um andarilho, um meditativo, um contemplativo, um 'homem vazio', como talvez o padre Ibiapina tenha

16 A GUERRA SANTA DO GATO

sido e o Conselheiro provavelmente é", respondi. "Embora ele jamais mencione isso, muito menos com essas palavras. Penso também no poeta iluminado Ibn Al-Arabi, que disse: 'Quem sabe não fala, quem fala não sabe'. Mas o Conselheiro faz os seus sermões, aconselha e escreve sobre coisas. Isso por acaso não fez dele um argumentador, um defensor de idéias, um pregador comum? Diria que não, o Conselheiro parece aquele tipo de mensageiro (faço uma pausa depois da palavra) que apenas aponta o dedo numa direção, encaminhando uma percepção que será sempre experimentada pelo seu ouvinte. Para isso, naturalmente, ele tem de usar palavras e imagens que façam sentido para o ouvinte – ou seria melhor não falar." Novamente Ibraim mal espera que eu termine a frase para perguntar: "A preocupação de fazer sentido não prejudica a... integridade do que ele quer dizer?".

Agradado com a inteligência da pergunta, faço uma pausa. Soíca e Parmênidas assentem com a cabeça, e Leonor volta os olhos na minha direção. "O próprio Ibn Al-Arabi respondeu a uma questão como essa uma vez, dizendo: 'O sufi deve agir e falar de modo que leve em consideração o entendimento, as limitações e os preconceitos que prevalecem entre aqueles aos quais se dirige'. A realidade é uma só, mas sua formulação em palavras sobre muitas refrações, favorecendo fantasias, distrações e interpretações que são aproveitadas pela vontade oculta do ouvinte, fazendo-o escutar aquilo que ele quer ouvir, não exatamente o que está sendo transmitido..."

A voz grave de um haúça me faz voltar os olhos para Soíca, um pouco atrás de mim: "Falei a Muçá outro dia sobre uma peça teatral a que assisti, chamada 'Antônio Maciel, o Conselheiro', da autoria de Júlio César Leal, no teatro Recreio Dramático. Era uma história terrível sobre a morte da mulher e da mãe do Conselheiro, explicadas como causa da perturbação e da alegada loucura do Conselheiro, que passou a peregrinar pelos sertões do Nordeste. No ano passado, li num jornal um desmentido dessa história, assinado pelo jornalista João Brígido, que também conheceu Antônio Maciel em pessoa, e o apresenta como um in-

UM MISTÉRIO NO SERTÃO   17

cansável e pacífico andarilho a serviço do que chama de paz, que começa pela tolerância e busca a inocência e o amor entre os homens, alguma coisa perdida pelo homem num passado muito distante". "E os apontamentos, Muçá? E os preceitos...?", interroga Ibraim, enquanto alguns de nós ficam tensos. Estávamos certos de não falar nas "epístolas" do Conselheiro que deixei guardadas na gaveta menor de minha mesa de trabalho. Mas não, agora compreendo, meu neto está falando do livro inédito do Conselheiro, do qual alguns trechos tinham sido copiados havia dois anos por um frade franciscano que o visitou. "É verdade", digo, "há sempre alguma coisa que revela aquilo que move Antônio Conselheiro e o faz acompanhar-se de tanta gente. São trechos dos *Apontamentos dos preceitos da divina lei de nosso senhor Jesus Cristo, para salvação dos homens*, que o *Jornal do Commercio* comentou em 1895, após publicar umas boas linhas da obra. Nela, entre outras invocações, há esta: 'A alma deve tornar-se uma folha de papel em branco, ou um céu azul desprovido de nuvens. Nesse estado de inocência, sem nenhuma mácula, Deus há de inscrever sua vontade, que ao contrário da vontade humana é totalmente desprovida de erro. A alma precisa estar vazia para que Ele nela imprima a sua vontade. Esse é o maior desafio do homem devoto'".

Esses anos todos de amizade e encontros seguidos na velha casa da rua Esperança, no Valongo, deram frutos além do que seria possível imaginar. Afinal, estamos fazendo em casa esta noite a "conversação educativa" que sempre fizemos lá, para assentar os pensamentos e de certo modo silenciar a agitação da mente. Durante cerca de quarenta anos, os participantes tinham-se alternado na velha casa do Valongo, saindo uns, entrando outros, além dos que foram levados pela morte, alguns fulas, outros haúças, outros ainda angolanos, além de alguns brancos. Entre os mais queridos estão esses dois que agora tenho diante dos olhos, Soíca e Parmênidas, mas também chegados pelo coração há Palhano e Lourival, que não vieram hoje, mas encontrarei no fim da semana. Todos antigos libertos, creio que todos nasci-

18 A GUERRA SANTA DO GATO

dos no Brasil. Somente eu sou africano, vindo da região sagrada onde o Níger faz uma curva imensa e desce para o oceano, rumo ao sul, marcando no mapa da África o ponto em torno de Tombuctu, onde soprou o vento da Graça depois de alguns séculos de treva. Sou filho de Timbo e de Tombuctu, e apesar de muito velho hoje tenho memórias claras e luminosas do meu tempo de África.

Agora, recostado na poltrona enquanto bebo lentamente meu suco de abacaxi, ouço as vozes de tanta gente estimada na sala da nossa casa, como o murmúrio de um mundo que conheço como conheço meu coração – no momento em que de fato os conheço, não antes nem depois. E vejo suas almas que se movem lentamente, procurando, achando e perdendo com toda sua energia e seu empenho, que ora fazem com que a realidade se perca entre seus dedos, ou que ela habite por um tempo seus corações. Observo com meus olhos semicerrados que devem parecer a eles apenas sonolentos. A doçura de ser tão velho e me sentir tão jovem é a minha felicidade maior nestes dias. Nada foi tão difícil e ao mesmo tempo tão constante, nos encontros da rua da Esperança que nos reabasteceram, ao longo dos anos, de energia e de atenção profunda, quanto à compreensão da diferença entre o que pode ser falado, o que deve ser falado, e o que deve ser omitido, e por quanto tempo. É fácil entender que um jornalista, mesmo um jornalista muito velho, queira ver de perto um fenômeno como o de Canudos. Mais difícil seria entender o verdadeiro motivo que o levaria àquele ponto distante no sertão, sobretudo compreender o que decidiu essa viagem: uma simples carta, escrita como um testamento, pelo homem que dizem ser chefe espiritual mas que recusa esse título para si, um pai amoroso mas cético de um bando obstinado de sertanejos que sonha conquistar na Terra o paraíso perdido de que a Bíblia fala.

Não me canso de ver a ilusão nos outros e de descobrir que também a cada instante me alimento dela. Ah, essa busca, esse movimento incessante que agita a vida em redor e se repete infinitamente enquanto o homem que nós somos, rachado ao meio pelo desejo e pelo medo, tenta empurrar com as mãos o rio da existência, na ilusão infantil e na aflição de ser alguém separado do mundo, na marcha apenas aparente dessa procissão que é o progresso, que parece ir do pior para o melhor, na mais poderosa e difundida das miragens. A única coisa viva em mim nesse momento está imóvel, e graças a isso estou leve e flexível, aberto à vida e ao mundo. E desse ponto imóvel e intemporal vejo claramente o que se passa em volta, num círculo sem centro e de movimento ilusório como o percebido num instante de tontura. E nessa situação – que nem sei como chamar – paira a tranqüila certeza de que o "lá fora" e o "aqui dentro" são uma só e a mesma coisa. Um pouco mais tarde, enquanto tomo estas notas, me ocorre o quanto é diferente o nascer do sol de madrugada da descrição do nascer do sol de madrugada.

"Mas Muçá", volta a falar Ibraim, inclinando a cabeça na minha direção, "o que levou você a se interessar por esse fenômeno que afinal está acontecendo tão longe daqui, no alto sertão da Bahia? Não acredita que ao nosso redor também estão ocorrendo coisas fascinantes e úteis ao nosso aprendizado humano? Você mesmo me disse mais de uma vez que as descobertas e os acontecimentos mínimos da nossa vida no mundo são com freqüência os mais importantes. Ou, como já disse, os mais edificantes." É uma pergunta sincera, porque Ibraim quer unir as peças de um grande quebra-cabeça, o maior com que um homem se defronta no mundo. E ao mesmo tempo é uma "pergunta fecundante", feita com muita graça. Penso na epístola do Conselheiro, e alguma coisa aquece meu coração. Balanço a cabeça concordando e tento ordenar as palavras, olhando meu neto de frente: "Já fiz a mim mesmo essa pergunta e há algum tempo penso que tenho a resposta".

Estão todos muito concentrados, porque certamente já quiseram antes falar nisso e depois deixaram para uma ocasião melhor. Por que agora esse Conselheiro, depois de termos navegado em águas aparentemente tão mais profundas quanto as dos santos e poetas do sufismo, por Spinoza, Platão e Ralph Emerson, que conheci pessoalmente na grande casa inesquecível de Concord, nos Estados Unidos? Depois das escaramuças em Ca-

20 A GUERRA SANTA DO GATO

nudos, nos últimos dias do ano passado, em que morreram soldados nas mãos dos jagunços que admiram e afirmam defender seu santo Conselheiro, o que se diz no Rio de Janeiro e na Bahia desse taumaturgo não o recomenda em nada. Por que o interesse por ele, afinal? Digo desde logo que a questão é saber se o que se atribui a ele é lenda ou verdade, relato ou paixão, trabalho de quem já o ama ou odeia, e que já tomou um partido porque ficar na dúvida é doloroso demais. Falo isso como um preâmbulo e prossigo pensando em voz alta:

"Não há na história deste país um personagem ou herói que tenha mostrado sinais de uma relação com a transcendência, como em outras civilizações houve místicos, poetas, pensadores e peregrinos", falo devagar, pensadamente. "A história brasileira é rica em estudiosos da língua, da política, do Direito, da arte de administrar e de curar, mas é um deserto no que respeita a contemplação, o conhecimento de si mesmo, a psicologia profunda, a ascese e a meditação que ousam ir um pouco além do desejo e do medo, essas rédeas que nos levam pelas estradas do mundo. Somos práticos, queremos resultados imediatos e não concedemos nada, nem sequer nossa atenção, sem receber em troco uma paga, sem ter garantido nosso quinhão, mesmo que ele seja uma miragem. Isso não é bom nem mau, é simplesmente um fato, mas precisa ser olhado dentro dos olhos. Não temos santos, nem grandes filósofos, e no campo iluminado das religiões, quando a distância temos de escolher, olhamos mais facilmente para Santo Inácio de Loiola do que para São João da Cruz."

Faço uma pausa, não sei se estou dizendo o que gostaria de dizer para essas pessoas que amo, e que confiam muito em mim. Talvez por isso eu hesite em falar-lhes num propósito que já se consolidou no meu íntimo, e na minha idade poderia parecer uma leviandade se eles não me conhecessem de todo. Não se trata de uma tentativa de resgate ou da salvação de um homem, ou de uma multidão de sertanejos, como se a principal coisa de que um homem deve ser salvo é da morte física, longe de mim. Não devo dizer assim, mas é da vocação transbordante de dividir o sofrimento que se trata, se possível consolando, se possível partilhando a diluição de uma mentira fundada na memória e na identificação de si mesmo. Se um homem, ou milhares de homens, for outra vez inevitavelmente imolado pela multidão criminosa que deseja as guerras – que precisa matar e ver matar, de vez em quando –, que fique um retrato disso para os seus filhos e netos, se eles sobreviverem, e não sejam ao menos usados os mesmos pretextos da próxima vez, de modo que desmoralize a tendência humana de se comportar como matilha. Recosto na poltrona o corpo e alongo as pernas, cerrando um pouco os olhos.

Agora estou de novo sentado na poltrona com meu corpo ereto: "As notícas e os artigos dos jornais não me fizeram chegar a nenhuma conclusão intelectual ou precipitada sobre a questão do Conselheiro. Nenhuma emoção me dominou, nenhuma nostalgia toldou meu discernimento. Foram os atos dele, Antônio Maciel, descobertos nas entrelinhas do noticiário e dos comentários, que me convenceram. Coisas contadas sem a intenção de louvar, até ao contrário, querendo denegrir e mostrar o Peregrino como um louco com pretensões a santo, construíram aos poucos a sua realidade. Pensamentos comprovadamente seus vieram até mim no relatório de frei Marciano, no depoimento de sertanejos, na correspondência de autoridades, nos palpites de médicos do interior do estado a jornais de Salvador. Tudo formou um tecido elaborado que, acreditem, fez um sentido imenso para mim. Era sem dúvida alguém aceitando o martírio para dar um significado ao futuro".

Sinto meu corpo leve como se fosse flutuar, no entanto, estou recostado no fundo da poltrona. Penso num Dom Quixote negro e sorrio por dentro desse herói desengonçado. Caminho uns passos até a janela e olho outra vez o céu estrelado da noite de verão do Rio de Janeiro. Quando dou meia-volta vejo o quadro, que não desejo esquecer, daquela gente tão querida. Estão todos repousados mas atentos, como sempre quis que estivessem quando se tratou de ver as coisas como de fato são, no mundo em que vivemos. Volto para eles meu olhar: "Mas ficou faltando alguma coisa para o meu entendimento dessa figura humana do sertão do Nordeste. A visão pessoal desse homem, sei disso agora necessária, e mais que isso, faz parte já da minha existência que se prolonga bem mais do que eu esperava. Confesso que nunca desejei conhecer pessoalmente Emerson, assim como Victor Hugo, Flaubert e nosso Machado de Assis, mas o acaso fez com que os conhecesse em pessoa, embora não muito de perto. Com o Conselheiro acontece coisa diferente, quero – quase digo preciso – vê-lo enquanto está vivo. Não sei se isso ainda será possível pelo andamento natural das coisas, porque gente poderosa e desesperadamente confusa está alimentando a fornalha da própria vida com um bem nutrido ódio por ele. A República precisa de heróis e aceitará de bom grado alguns mártires. Dos bons, dos que foram gerados para o Conhecimento, ela desconfia porque a simples existência deles é uma denúncia dos seus erros. E são precisamente aqueles que me interessam muito".

Adelaide havia levado seu lenço à boca, talvez tentando conter o choro. Soíca parece sereno e impassível, os olhos perdidos no arvoredo lá fora. Quanto a Ibraim, por estranho que pareça sorri de leve, como se esperasse ouvir o que ainda não ouvira por completo. Leonor olha para ele e em seguida para mim. Reina silêncio na sala, e o canto de um galo chega de muito longe. Meus amigos sentem que ainda falta alguma coisa: "Decidi viajar ao sertão da Bahia, por motivos que não me ocorrem todos agora, mas vocês que me conhecem podem imaginar. Vou visitar Antônio Maciel, o Conselheiro, onde quer que ele esteja, e de algum modo sei que não morrerá antes que eu chegue". Sorrio para desfazer alguma dramaticidade que essas palavras criam, me sento de novo na poltrona, cruzo uma perna sobre a outra, sorvo um último gole do suco de abaxaxi e descontraio o corpo inteiro. Ponho-me então à inteira disposição da minha família e dos meus amigos. Creio que agora vamos começar uma conversa que vai avançar pela noite, até quando eles quiserem.

2
Epístola do bom Jesus Conselheiro
ainda janeiro

Certas decisões na vida demoram a ser tomadas e pedem longas horas de meditação, outras são tomadas num minuto e já chegam ao espírito completas e acabadas. Resolvi viajar até Canudos da maneira que puder, e de me encontrar com o Conselheiro ainda que fosse por algumas horas, depois que recebi de Soíca e Parmênidas, três dias antes do nosso jantar em minha casa, um documento trazido por mãos muito especiais que se revezaram algumas vezes pelo caminho. Os papéis guardados numa pequena caixa foram lidos por mim na mesma noite em que me foram emprestados, com a condição de devolvê-los logo que possível e de não revelar seu conteúdo ou falar a seu respeito com ninguém senão com quem o trouxera. "Umas coisas são da alma, outras são do Espírito", lembro a frase do santo marroquino Ibn Ibris, que a completa assim: "Sobre as primeiras, falamos nós com a mente; já a respeito das outras, é o coração que nos fala. Aquele que souber distingüir entre umas e outras já terá andado uma boa parte do caminho".

O manuscrito que me foi entregue fora evidentemente copiado de um original e tinha como título "Epístola do Bom Jesus Conselheiro, Antônio Mendes Maciel, servidor de Deus, aos gen-

24 A GUERRA SANTA DO GATO

tios". Desde a primeira leitura me pareceu que o título não havia sido dado pelo autor, mas por seus seguidores e devotos. Na longa conversa entre mim, Soíca e Parmênidas na rua da Esperança, no Valongo, numa noite em que só estávamos nós na casa, me foi contado por eles que um nosso correspondente e amigo comprovado há mais de vinte anos, o Ascânio Barreto, de Capela, Sergipe, tinha enviado o texto da longa carta que Antônio Conselheiro havia escrito e dado para ler a dois ou três dos seus acompanhantes. Era uma espécie de testamento espiritual em que ele contava um pouco da sua vida e falava mais longamente das mudanças operadas em sua alma nos últimos quinze anos de andanças pelo sertão brasileiro.

"Em alguns sermões do Conselheiro", Soíca está sentado ao meu lado na mesa do escritório, o queixo apoiado nas mãos, "você já havia notado essa coisa que aqui nesta epístola fica bem mais clara, mas na ocasião nós deixamos passar o assunto sem ir a fundo nele." Estendeu os papéis amarrados com fitas azuis, que eu desatei para ler. Vi logo que precisava examinar tudo aquilo com mais vagar e perguntei se podia ficar uns dias com o documento. "Ele é nosso, é uma cópia", fui informado. Horas depois, conversava com meu neto Ibraim sobre a maravilha de ter chegado até mim esse documento, mas não sei até que ponto ele entendeu o motivo da nossa alegria – minha, de Soíca e de Parmênidas – com esse achado. Sei que mais cedo ou mais tarde ele entenderá, bem como a necessidade de isso ser mantido por ora em absoluto sigilo.

A necessidade do segredo num caso desses era uma velha conhecida nossa. Ainda na Bahia, enquanto trabalhava com os Miller e antes da revolta dos malês e da fuga para o Sul, tinha ouvido falar e apenas acreditei sem entender bem, que há dois tipos de conhecimento para dois tipos de coisas a conhecer. Um é aquele destinado aos que pertencem por nascimento ao caminho da devoção, ou da revelação. Outro é o aprendizado das coisas do mundo, e esse é o mais familiar ao comum dos homens, quando essas coisas podem ser redescobertas como ilusórias, embora visíveis. Todas as grandes religiões falam desses dois saberes, mas usam palavras diferentes para designá-los, conforme dêem maior importância à alma ou ao Espírito. O dogma e o ritual, de um lado, e a revelação e a intuição, de outro, falam mais fortemente ao coração humano conforme a natureza, o temperamento e o destino desse coração.

"Destino é uma palavra perigosa de ser pronunciada ou até mesmo pensada", digo a Ibraim, "porque na aparência ela contraria o democratismo de nossa época, no qual precisamos crer para não desesperar." Dada a resistência que a natureza humana em geral opõe à realidade pura e simples, passamos nossa existência inteira querendo ver o que nos agradaria ver em nós próprios e no mundo. Essa é uma forma de loucura branda que afeta, infelizmente, a maioria dos homens, e que é causa da grande parte do sofrimento que há no mundo. Devido a isso, impõem-se às vezes o silêncio e a omissão acerca de fatos e revelações que só trariam inquietação, angústia e mais dúvidas num universo já povoado de incertezas e de sofrimento ocasionado por elas. A mente humana ignora tudo sobre sua subordinação aos temores e desejos, e assim se torna um círculo vicioso palpitante e vivo. Ibraim acrescenta, com entusiasmo: "Melhor dizendo, aparentemente vivo".

A leitura lenta e meditada do documento atribuído ao Conselheiro deu-me a certeza de que ele ou alguém por ele tinha ultrapassado os umbrais do chamado "bom senso", e chegado ao que alguns poetas de diferentes cantos do mundo chamaram de, à falta de outras palavras, "os campos verdes e as fontes cantantes da bem-aventurança". Na tentativa de manter brilhando a chama que cada homem que a teve diante dos olhos e perto do coração, mais do que tudo teme que lhe escape, e para isso ele se faz poeta. Vou transcrever nas minhas anotações essas palavras para que, quando o drama de Canudos e do Conselheiro acabe, possam elas ser conhecidas e talvez lembradas pelos que tiverem "olhos de ver e ouvidos de ouvir". O autor dessas "epístolas" é certamente um homem simples e ouso dizer humilde, a ponto de não se incomodar em parecer sentencioso ou até arrogante em algumas passagens, desde que possa legar a algum leitor especial, não qualquer leitor, "o que vale a pena ter vivido para chegar a conhecer".

1
Mais vale uma profecia do que a humana e vã sabedoria. E profecia significa coisa diversa do que comumente se supõe. A necessidade de calar a respeito é compreendida por aqueles que olhando para o fundo de si mesmos entenderam um pouco da essência de cada homem. Os equívocos e os descaminhos devem-se ao despreparo em que vive a maioria dos humanos. O maior milagre do Espírito consiste não em maravilhas visíveis, mas em varrer da nossa alma a crassa ignorância que a vaidade acumulou desde o nascimento, e na humanidade a partir do Pecado Original. O dom profético não é a habilidade dos mágicos e milagreiros, mas a verdade soprada em nós pelo Espírito. É a trave tirada dos olhos que nos liberta e nos faz proetas, não o argueiro que é apenas a poeira das ilusões que o homem cria para se defender do absolutamente novo.

2
"Há de aparecer um Anjo mandado por meu carinhoso Pai, pregando sermões pelas portas, fazendo povoações nos desertos, fazendo igrejas e capelas, e dando conselhos. Muitos acreditarão e muitos vão desmoralizar seus preceitos." Essa profecia que ouvimos de nossos pais e que corre pelo sertão, fala de um homem como João Batista, um anunciador da salvação. Cada homem pode ser esse Anjo, se conhecer o próprio coração. Os sermões são feitos de palavras e podem conter toda a futilidade do mundo, como também podem reunir preciosas fagulhas de verdade e espalhar sementes da realidade. Só é preciso que quem os escuta esteja com o coração aberto e esvaziado de tumulto. Fazer povoações no deserto é reunir homens que já foram chamados ao conhecimento de Deus, para

EPÍSTOLA DO BOM JESUS CONSELHEIRO

em Sua busca trabalharem juntos. Quanto aos conselhos, não são recomendações vazias feitas para aplacar temores, mas olhares voltados para dentro de si mesmo, para a raiz da vontade, onde está o fabricante de emoções que se lamenta e chora com as próprias palavras, ou que se envolve na teia que ele próprio teceu.

3

Um andarilho nem sempre é alguém que caminha muito, mas é aquele que anda no íntimo de si mesmo, visitando as estações da própria alma. Nós, pecadores, preferimos o lado externo das coisas e desprezamos o que está dentro delas e nelas tem um sentido. Na confissão, a tarefa de bater no próprio peito e de se acusar de coisas nefandas é o que menos importa. Vale mais saber o que nos leva ao confessionário do que aquilo que dizemos ali ao confessor. Na comunhão, o encontro num momento único com o Espírito, e a descoberta de que somos um só com Ele, é às vezes menos valorizado do que o jejum que o precede, ou do que a presença da partícula na boca e o aspecto de piedade na mesa de comunhão. Assim também nós falamos do andarilho como um santo, somente porque ele anda sem cansar, e prega sem esmorecer. A maior virtude do andarilho é saber ficar imóvel num mundo que anda sem parar.

4

Uma vez um sertanejo, homem bem-intencionado mas apenas um sertanejo, foi acusado de um crime que não cometeu. Preso e humilhado, foi levado a um lugar distante, para ser julgado. Lá, depois de muito sofrimento, sua inocência ficou provada, e seus carcereiros o soltaram. Essa provação que podia ter criado nele revolta e ódio gerou no seu coração um vazio de onde saiu doravante nada menos do que amor e compreensão pelos homens, pelo mundo. O Espírito permitiu nessa travessia que ele pudesse ver as coisas como são de fato, e não como queremos ou tememos que sejam. Descobriu então que as coisas nada são além da nossa opinião das coisas. Nunca mais aquele sertanejo se perturbou com o sofrimento.

28 A GUERRA SANTA DO GATO

5

O pior defeito de um pregador consiste em mentir a si próprio, não aos fiéis que o ouvem. Ele sabe quando mente aos outros, mas não percebe quando mente a si mesmo, com a voz adoçada com a intenção de convencer, ou com a sedução que emana das palavras que ele próprio vai falando, como se não fossem suas mas viessem do Alto. Um grande pregador pode ser um grande pecador, e o único caminho de ele voltar a ser um pregador virtuoso é pela redescoberta da beleza do silêncio, que está aquém e além da fala, isso se a sedução que encontra nas palavras um dia deixar que aconteça.

6

O seguidor de peregrino não é necessariamente um peregrino. Ele pode fazer as mesmas caminhadas, subir as mesmas montanhas e descê-las sob tempestades, ficar sem comer dias seguidos, passando frio à noite e sentindo-se derreter sob o sol do deserto, ainda assim não será obrigatoriamente um peregrino. Judas seguiu o Mestre de perto durante quase três anos, ouvindo sua pregação, fazendo-lhe perguntas, sentando-se na sombra a seu lado, comendo com Ele e com Ele permanecendo em longo silêncio. Isso não fez de Judas um apóstolo nem impediu sua traição. O que os homens fazem em nome de alguém não torna esse alguém melhor ou pior, falso ou verdadeiro. Se alguém que me segue fere, mente ou mata, não é porque me segue que mata, mente ou fere. A decisão de agir é dele e só ele responde por suas escolhas, até mesmo a de me seguir.

7

Por que reparar ou construir uma igreja, se isso não muda o coração de quem faz? Uma igreja ou uma capela são lugares de recolhimento no mundo da inquietação e do barulho. Recolher-se quer dizer parar um pouco, mas parar o quê? Não se trata de imobilizar ou descansar as pernas, os braços ou a língua que fala. Essa dança permanente que é a vida humana talvez não seja natural no homem. A partir do Pecado Original ele descobriu que era doloroso ficar sozinho, que era assustador ficar imóvel, que era inquietante estar quieto, e aí nasceu essa corrida tensa que

EPÍSTOLA DO BOM JESUS CONSELHEIRO   29

para se justificar os homens chamam de trabalho, guerra, ganha-pão e, afinal, resumindo tudo, desejo. Por isso é bom construir uma igreja ou uma capela.

8

No sertão, aquele que aconselha não precisa ter bens, e ele aceita comida como esmola. Ele não dá conselho a quem não lhe pede, nem se envolve onde não foi chamado, mas seu caminho vai se cruzar sempre com quem dele precisa de verdade. No entanto, quando é chamado ele pode, em nome do amor que os humanos lhe inspiram, dizer ou fazer alguma coisa para aliviar dores e angústias, mas em seguida segue seu caminho. Sua pregação brota dos seus lábios quando o Espírito sopra no seu ouvido, e a Bíblia nos diz que o Espírito é como o vento, sopra onde bem quer soprar. Abaixo do conselheiro vem o beato, que também é esmoler para comer e pode fazer prédicas se achar que deve. Sempre que surge um conselheiro num lugar, logo aparece um beato. São mandatos divinos, e quanto menos se falar deles melhor será para todos.

9

O sertão é o lugar mais belo do mundo. Não porque não haja lugares igualmente bonitos ou de natureza mais variada, mas porque estamos no sertão e não em outra paisagem. E se olhamos sem pensamentos alguma coisa, sem querer transformá-la ou modificá-la, vemos toda a beleza que há nela. O inferno não é o lugar mais feio do universo, mas o lugar onde ninguém consegue ver, seja lá o que for, e está entregue aos próprios pensamentos. Assim, o inferno está naquele que está no inferno, ainda que esteja no mundo e aqui ao nosso lado.

10

A guerra é aquilo que o homem é interiormente, uma divisão de força e de energia que se expressa coletivamente. Por ser coletiva e apoiar-se na profunda ignorância dos indivíduos em seus próprios motivos e desejos, é desgovernada e produz mais estragos dentro do que fora do ser humano. A guerra sempre acompanhou a humanidade e é afinal a prova

30   A GUERRA SANTA DO GATO

indiscutível de que o homem é um boneco entregue aos caprichos e enganos do seus próprios sentimentos. Nenhum chefe pode levar uma multidão à guerra se ela já não a deseja ardentemente, uma vez que quer apenas um pretexto para guerrear. A raiva que um homem tem contra sua mulher, seus pais, seus filhos, companheiros de trabalho e patrões é a matéria-prima das guerras, como a espada, os canhões, a pólvora e as baionetas.

11

Durante muitos anos, aquele peregrino andou pelas estradas do seu país. Entrava em cidades, vilas e arraiais, onde pedia abrigo e alimento por dois ou três dias, antes de falar aqui e ali com as pessoas que quisessem ouvi-lo, e antes de partir. Primeiro, dois ou três homens e mulheres o acompanharam até a cidade mais próxima, depois muita gente caminhou com ele pelas estradas poeirentas, rezando suas orações, repetindo ladainhas ou cantando louvores à Virgem. Quando lhe perguntaram por que não rezava em voz alta e não cantava, ele lhes disse que toda palavra iluminada é uma oração e um cântico, sendo melhor que uma frase ou um verso decorado.

Alguns daqueles que seguiam o peregrino às vezes pintavam cruzes nas costas de suas vestimentas, ou levavam ao pescoço longos rosários de contas. Quando lhe perguntaram por que não fazia o mesmo, ou coisa semelhante, ele lhes disse que o que está vivo no coração é muito mais importante do que o que está pintado nas vestes ou pendurado nos pescoços.

12

Os acompanhantes daquele peregrino chamavam-se a si mesmos de penitentes. Quando lhe perguntaram se também fazia penitência, o peregrino lhes disse que um ato de contrição e um exame de consciência bem-feitos tornavam a penitência inútil. Disse ainda que o conhecimento era melhor que o arrependimento, que não só o dispensava como o desaconselhava. Mas os seguidores do peregrino continuaram chamando-se a si mesmos de penitentes, porque as pessoas que andavam pelas estradas e se vestiam e rezavam como eles sempre foram chamadas de penitentes.

13

Por todo o tempo em que o peregrino andou pelo sertão entre os rios Vaza-Barris e Itapicuru, ele se chamou pelo nome que seus pais lhe deram, mas o povo que o seguia chamou-o por vários nomes, até mesmo Bom Jesus, porque era grande o seu carinho por ele e imensa a confiança nas suas palavras. E o povo que o seguia era enfim tão numeroso que gente de todo tipo e procedência se juntava a ele. Quando lhe perguntaram se tinha confiança em todos os que chegavam até ele, o peregrino perguntou em resposta o que era afinal essa confiança de que estavam falando. Aquela gente que o seguia não era um exército, não era uma expedição, não era uma religião e muito menos uma cruzada. Então, por que confiança? O peregrino dizia que cada homem que vê as coisas como são não precisa de certezas nem de declaração prestada em cartório. E quando o povo em volta ria dessa resposta, ele pedia a todos que não desperdiçassem sua atenção em risos.

14

Quando uns soldados prenderam o peregrino porque parecia estranho às autoridades que um homem se cercasse de povo por toda parte onde ia, e por haver no ar a suspeita de que esse peregrino fosse um malfeitor, muitos dos seus acompanhantes quiseram libertá-lo atacando os policiais. O peregrino pediu que ficassem tranqüilos, que ele nada devia de fato mas desejava acompanhar os policiais. A viagem que fizeram foi mais longa do que muitos esperavam, tendo durado muitos dias. Quando o peregrino foi libertado, depois de nada terem encontrado que o condenasse, seus seguidores foram buscá-lo a meio caminho, pretendendo saudar sua volta. O peregrino pediu que ficassem em paz, dizendo que desejava ficar sozinho. Os que se chamavam penitentes não entenderam, mas se afastaram por um tempo.

15

Nos meses que se seguiram à prisão do peregrino, os ânimos dos seus acompanhantes se exaltaram mais facilmente. Alguns passaram a carregar consigo longas facas e até bacamartes. Como das outras vezes, o conselheiro não proibiu mas desaconselhou, e falou longamente sobre a razão disso. A arma que se diz defensiva acaba sempre servindo num ataque. O homem armado não pensa nem sente da mesma forma que o homem desarmado. O impulso para a guerra está enraizado no fundo de cada indivíduo, e tudo o de que precisa para se manifestar é uma centelha, um pretexto. O motivo não precisa ser bom, basta existir. Depois, quem se prepara para a guerra – ainda que alegue sua legítima defesa – acaba encontrando a guerra.

*16
Não foram as ações nem as palavras do peregrino que geraram as reações das autoridades que resultaram em guerra. Foram as ações dos homens que seguiam o peregrino, somadas à ignorância dos homens poderosos sobre as razões do seu próprio coração, que desencadearam a guerra. Nenhuma palavra ou ação do peregrino pôde impedir então a cadeia de ação e reação que se alimentou a si mesma a partir daí e quase certamente só se extinguirá pela morte, seja de alguns, seja de todos. Mais de uma vez no passado, o peregrino falou aos que se acostumaram a segui-lo e às vezes a ouvi-lo sobre a inutilidade das palavras e dos esforços a favor do Espírito e da sua paz, quando a vontade, a ignorância e a vaidade humanas já tomaram o freio dos acontecimentos nos dentes e nada, senão o silêncio, pode então detê-los.*

A alegria que me invadiu após a leitura lenta e pensada desse documento durou na verdade o restante do dia. Mais tarde reunido com os irmãos no Valongo, exultei com o fato de que não estava sozinho nisso, concluindo que da leitura havia sentido que estávamos diante de um homem extraordinário, de alguém como os sábios sufis da nossa admiração e do nosso amor, que à diferença deles crescera num meio onde não se cultivavam a transcendência e uma visão contemplativa do mundo, o que só faz enaltecer o Conselheiro. Em nossas meditações e descansadas conversas nessa noite da rua Esperança, a figura do Conselheiro nos pareceu ombrear com as de Al-Hallaj, Ibn Arabi, Djalal

EPÍSTOLA DO BOM JESUS CONSELHEIRO 33

Rumi, Santo Agostinho, Mestre Eckhadt e esse nosso contemporâneo admirável que tive a felicidade de conhecer em pessoa, quando estive em sua casa há vinte anos, Ralph Waldo Emerson. Num encontro inesquecível que tive com meus queridos sete irmãos pelo espírito, num dos primeiros dias do mês de janeiro deste ano, na rua Esperança onde nos reunimos por várias décadas, combinamos que nada falaríamos, com nenhuma pessoa, sobre essa nossa descoberta, que era afinal uma forma de manifestação do Espírito, nem a respeito da ida de um de nós, ainda a combinar, ao encontro de Antônio Conselheiro no arraial do Belo Monte, no sertão da Bahia. Nós oito, Soíca, Parmênidas, Elísio, Osvaldo, Ernesto, Cala, Chico e eu, ficamos silenciosos um momento, como que absorvendo a realidade.

"Você é o mais velho de nós", falou Soíca, me olhando no rosto, "mas a verdade é que é também o mais moço de todos." Todos sorriram, de cabeça levemente baixada. "Se você se dispõe a ir, então irá você. Poderá ir também com outro de nós. Mas se você não for irei eu, que sou o mais antigo freqüentador dessa *tarica*", continuou, usando uma palavra que não ouvíamos havia muitos anos porque tínhamos deixado de ser "árabes". Sentia agora uma corrente, um laço ou uma ligação, seja o que for, alguma coisa que me prendia desde logo a um homem solitário mas feliz, distante na paisagem deserta do sertão, entre homens que amava mas raramente o compreendiam, e esses estavam todos agora ligados por um destino que somente em parte haviam escolhido. Sentia no meu coração o isolamento do Conselheiro, o mesmo isolamento do homem em família, às vezes entre amigos, no seu país, entre gente que cresceu e viveu com ele mas existe na verdade em outro universo – exceto quando o amor do Espírito os aproxima e funde.

Levantei o rosto e meus amigos me olhavam com esse amor. A sala parecia diferente, com uma luz difusa que já tinha visto ali antes, mas não naquele dia. "Vou eu, e vou sozinho. Mas vocês vão comigo aqui dentro", falei, levantando a mão até o lado esquerdo do peito.

3
Um espanto na rua da Esperança
fevereiro

Tomo o bonde elétrico até o cais Pharoux, e na altura da Glória senta-se ao meu lado o engenheiro Pedro Ferreira Mattoso, que como eu colaborou alguns anos na *Gazeta da Tarde*, escrevendo em defesa da abolição da escravatura num tempo em que isso criava antipatias e alimentava inimizades. Falamos dos velhos tempos, da coragem que era preciso ter para falar em público naqueles dias, e caímos no assunto do momento, Canudos, que é só no que fala a cidade. A palavra "jagunço" foi usada no princípio só por iniciados nas coisas do Norte, mas depois caiu de tal maneira no domínio público que hoje se abusa dela. Para o engenheiro, a nova expedição do coronel Moreira César vai certamente resolver o problema da rebelião dos fanáticos no sertão da Bahia. Lembro a ele que os sertanejos de fato não se rebelaram, mas apenas se isolaram num lugar distante para viver uma vida que eles julgam melhor e mais justa. Mattoso contesta, polido e entusiasmado, segurando amigavelmente meu braço como quem chama um amigo à razão e fala até chegarmos ao ponto em que me disponho a saltar. O cocheiro do bonde espera paciente que eu desça devagar, e da calçada agradeço com um aceno. Mattoso seguiu viagem, já entretido em conversa com outro vizinho de banco.

36 A GUERRA SANTA DO GATO

Caminho até o Hotel de France, em cuja frente há uma fileira de vitórias e pelo menos duas carruagens à espera de fregueses, e na portaria menciono um nome. Minutos depois aparece no saguão o Ferreira Bastos, fazendeiro em São Paulo e poeta nas horas vagas, com quem troco cartas há pelo menos dez anos. Há um mês ele me avisou que viria ao Rio de Janeiro e queria me encontrar para falarmos pessoalmente, "melhor do que na correspondência que trocamos, eu em velhos papéis timbrados do escritório de marchante do meu pai, você em longas tiras de papel de boa qualidade que não sei onde consegue". No restaurante do hotel pedimos chá com torradas e Ferreira me fala na boiada que acabou de vender em Taubaté, e na sua decisão de não lidar mais com gado. "Tenho matutado muito no que temos falado nas cartas, e acho que você tem razão", diz ele, com um sorriso apagado. "Primeiro vejo a gente toda que conheço, que come carne todos os dias, sempre muito doente e – como você lembra sempre – inquieta e infeliz. Depois, que diabo! Esses animais que eu empurro para a morte... Tenho vivido disso há tantos anos."

Ferreira Bastos silencia quando o garçom se aproxima com o chá. Depois que ele se afasta, comenta: "Vão pensar que estou louco, e nunca vão imaginar que meu mentor está sentado aí, muito elegante e sereno". Rimos, cobrindo a torrada de geléia e servindo o chá. Lembramo-nos de alguns temas tratados nas cartas, de nomes de autores e de livros, das últimas poesias de meu amigo, para mim melhores do que quaisquer outras que já fez. Fico me perguntando por que na nossa correspondência esses assuntos parecem mais interessantes e me estimulam mais o pensar. "Mas Adriano", diz o paulista, "estou abismado com seus planos de ir ao sertão da Bahia ver aquela guerra de perto. Na sua idade, meu amigo?" Sorrio, deixo passar uns segundos e respondo: "Não é bem isso. Não estou interessado mais em guerra exatamente porque já participei de muitas, e hoje acredito que elas são apenas uma continuação das nossas lutas internas, e infelizmente com os mesmos resultados". Ele me escuta, pestane-

UM ESPANTO NA RUA DA ESPERANÇA 37

jando. "Tenho relido suas cartas e acho que de duas uma: ou você enlouqueceu ou virou ermitão como o Conselheiro." Rimos de novo. O Paço batido de sol lembra uma gravura antiga, com seus velhos edifícios e duas igrejas monumentais. "Mas entendo você", continua Ferreira. "A República é uma decepção, com as mesmas vaidades do Império e uma arrogância até então desconhecida nos homens públicos brasileiros. E essa pretensão positivista de tudo saber e tudo explicar à luz da ciência, ela faz as pessoas parecerem mais estúpidas do que realmente são." Digo a Ferreira que vou almoçar com uns amigos no Valongo e o convido para me acompanhar. "Aqueles amigos?", ele pergunta, lembrado do que lhe contei nas cartas sobre a antiga camaradagem da rua da Esperança, antiga de mais de quarenta anos, e agora com algumas caras novas para substituir as muitas baixas impostas pelo tempo. "Como é o nome em árabe?", ele pergunta e eu respondo: "É *at-ta-ifá*". Sim, o Ferreira lamenta mas não pode me acompanhar hoje, porque tem um almoço marcado com uma amiguinha que visita sempre que vem ao Rio de Janeiro. "Uma costureirinha do meu coração", acrescenta. Sorrimos e eu brinco, fazendo menção de me levantar: "Quem mais podia ser?".

Sigo caminhando quase até os muros do convento de Santo Antônio e chego aos fundos do edifício da Imprensa Nacional. Penso no Ferreira e no seu modo de ser feliz, um cavalheiro a serviço do prazer, o maior colecionador de gravatas de seda francesas e de polainas inglesas, alguém que perdeu a esperança de encontrar um sentido para a vida e resolveu vivê-la gostosamente, enquanto isso for possível. Temo que ele seja do tipo que diante de uma doença dolorosa e incurável comece a pensar no tipo de pistola mais apropriada para tirar a própria vida de um modo também elegante, junto de uma garrafa de champanhe vazia e um balde de gelo. E no entanto um homem bom, generoso e compassivo. Talhado para ser um péssimo marido mas um excelente companheiro de viagem.

Um bonde da Companhia Ferro Carril Carioca me leva pelos caminhos de Santa Teresa, passando primeiro sobre o anti-

38 A GUERRA SANTA DO GATO

go aqueduto, de onde vejo de relance a cidade e o mar, seguindo depois rente à vegetação espessa que toca nos balaústres e estribos do veículo. Cheiro de mato, cotias correndo sobre os trilhos para escapar do elétrico, um ou outro morador das raras casas da beira do caminho que chega à janela para olhar os passageiros do bonde. A certa altura vejo um padre franciscano que desce a ladeira íngreme rezando seu breviário e tropeçando um pouco. O bonde range nas curvas como um animal ferido de morte, e sobe lentamente as ladeiras calçadas de grandes pedras, já em Santa Teresa. Deixo passar os pontos do França e do Curvelo, e me preparo para descer. Creio que estou na rua do Aqueduto e logo me certifico, quando vejo à frente a placa com o nome do Grande Hotel Internacional. Será que ainda sou capaz de entreter uma conversação em inglês? O inglês que aprendi como escravo dos Miller na Bahia, há quase cinqüenta anos, em parte esmaeceu na minha memória, apesar de o ter reavivado na viagem que mais tarde fiz aos Estados Unidos. Entrei no saguão e olhei em volta. Pela segunda vez esta manhã estou procurando um hóspede num hotel.

O empregado na recepção me aponta um homem lendo jornal na varanda, diante do seu café da manhã. É evidentemente um estrangeiro. Quando me aproximo, o corpo imenso de Edwin Godkin levanta-se da cadeira e um rosto vermelho sorridente avança para mim: "Filho da mãe desgraçado", diz ele enquanto me abraça, "não respondeu minha última carta." Ficamos em pé conversando, contra a paisagem distante do porto e a montanha coberta de mata do outro lado. Depois nos recostamos nas espreguiçadeiras. Edwin é diretor do *Evening Post* de Nova York e se corresponde comigo há muitos anos, desde que fomos aproximados por Henry Douglass, filho do escritor negro abolicionista Frederick Douglass, morto há dois anos, que conheci pessoalmente em Washington. Temos meditado juntos sobre Canudos e o fenômeno Conselheiro no Brasil, e tudo o que ele queria nessa sua viagem ao Brasil era ver com os próprios olhos, segundo diz agora entre risadas, se estou ainda vigoroso como dizem, apesar dos meus noventa anos contados, para fazer uma entrevista com Antônio Maciel para o *Post*.

Falamos por quase uma hora e eu lhe faço o mesmo convite que fiz a Ferreira Bastos, no seu hotel do Paço, para irmos almoçar com meus amigos do Valongo. A que horas? Vamos agora, mas Edwin vai passar antes no quarto para mudar de roupa. Antes de subir conta que pretende prosseguir viagem para Buenos Aires na outra semana, e depois indo de trem ao Chile e em seguida por mar até a costa do Peru e o México, onde pretendia demorar-se. Pouco depois estamos no bonde, recordando minha viagem a Nova Orleans e minhas amigas um tanto loucas de Nova York. Edwin Godkin dá risadas estrondosas, que fazem os passageiros se voltar para nos observar. Mais que a ele, o cocheiro me observa com espanto: um negro falando uma língua estrangeira. Descemos no convento de Santo Antônio e tomamos lá perto um carril para o bairro da Saúde. Na viagem vou explicando a Edwin o que é o nosso grupo que se reúne semanalmente há cerca de quarenta anos. Negros e brancos, alguns islâmicos estritos, outros são os que hoje se chamam sufis, antigamente conhecidos como "mestres", "construtores", "virtuosos" ou simplesmente "os cádris", como em árabe.

"Conheço a palavra", disse Edwin, perguntando: "Você sabia que o escritor e diplomata inglês Sir Richard Burton era um cádri?". Soube quando o conheci, no Paraguai. Ele me havia aconselhado a fazer uma peregrinação a Meca, como ele próprio fizera anos antes. "Ah, você o conheceu?", quis saber o americano. Tenho em casa seu livro sobre essa viagem, assim como sua tradução soberba de *As mil e uma noites*, já leu?" Caminhamos cinco quadras até a rua da Esperança, evitando os buracos, as latas de lixo e os ratos mortos do percurso. Um rosto amigo no postigo e a antiga saudação: "*Sollina, sollina!*", ao que eu respondo: "*Bacutá*". Edwin pergunta, cético: "Por que em árabe?". "Não é árabe. Eles me cumprimentam em fula, eu respondo em haúça. É a nossa fusão africana. A porta estreita se abre, e o interior parece escuro: "Seja bem-vindo".

40   A GUERRA SANTA DO GATO

A velha sala espaçosa onde sempre nos reunimos tem agora um largo sofá e muitas cadeiras dispostas em círculo. Na sala vizinha, menor, a mesa está posta para o almoço, com pratos de salada e copos de coalhada. Uma janela entreaberta mostra um morro coberto de árvores e o céu muito azul no alto. Apresento Edwin Godkin aos companheiros do Valongo, falando primeiro em português e traduzindo para o inglês. Estão todos encantados com a surpresa de um convidado estrangeiro no nosso almoço quinzenal. Soíca, Osvaldo, Cala são os mais velhos e ficam em torno de nós. Os outros, como Ernesto, Chico e Elísio, colocam-se mais atrás e desejam mais do que tudo ouvir o que falamos. Pego sobre uma cadeira dois exemplares da *Carta do Valongo*, há alguns anos editada em Porto Alegre pelo querido Idrissa, um companheiro da minha idade que veio da Bahia como eu. Soíca fala algum inglês e se aproxima de Edwin, apontando para mim e mencionando a Revolta dos Malês em Salvador, como o único movimento de fundo filosófico da história da escravidão no Brasil.

Edwin demonstra conhecer a crônica dos malês e comenta no seu jeito brincalhão: "Esse homem é um demônio, embora pareça um anjo". Quando traduzo, todos riem muito. Cala me abraça de lado, repetindo em português: "É um demônio, é um demônio, mas é o pai que nós amamos". Fico surpreso ao notar que Edwin parece comovido. Folheia a *Carta* mas como não entende o texto entrega de volta o jornal. Inclina o queixo na minha direção: "Ele deixou uma lenda por onde passou, no meu país. Em Nova York, Nova Orleans e Natchez, pelo menos...". Ernesto pede que eu faça perguntas ao americano. Explico a Edwin então que Ernesto é nosso irmão mais recente, um antigo liberto com uma imensa inclinação pela política, isto é, pelo que a política tem de concreto e de humano. "No caso do seu país, acha que a República que existe lá é mais dedicada aos seus cidadãos do que a Monarquia na Inglaterra?", Ernesto quer saber. Edwin ostenta aquela simplicidade americana que esconde na verdade um pouco de insegurança. Não sabe dizer ao certo. Osvaldo interfere, achando importante saber primeiro a que tipo

UM ESPANTO NA RUA DA ESPERANÇA   41

de dedicação Ernesto está se referindo, e se o Estado tem alguma coisa a ver com a felicidade dos seus cidadãos, quando eles próprios nem sabem definir esta palavra. Todos rimos, já sentados à mesa, da solenidade que estava contagiando aquele almoço. "Nada de entrevistas", falei. Edwin pergunta quais são de fato os temas que nos ocupam nas reuniões, e o que nos une afinal há tanto tempo. Explico que no início nossa união se devia ao fato de sermos negros num país governado por brancos, africanos num continente antes ocupados por índios e depois por europeus, e finalmente islâmicos num continente cristianizado. Com o tempo isso havia mudado, passamos a falar e a debater as coisas do Espírito. "Que coisas, exatamente?", Edwin quer entender. "Quem somos neste mundo, que significa a expressão 'este mundo', por que tanto sofrimento e descontentamento em toda parte", falei, prosseguindo: "Isso que hoje se chama de sufismo, dentro do islamismo, mudou completamente nossas vidas. Essa coisa é muito mais antiga que o Islã, na verdade, anterior mesmo a qualquer religião. Para nossa surpresa e nosso encanto, descobrimos que 'núcleo perfumado' foi enunciado pela poesia em várias culturas. À medida que descobríamos e discutíamos esses temas, notamos seu poder terapêutico na alma de cada um de nós". É uma tentativa de resumir, penso agora. Os companheiros aprovam com movimentos da cabeça e expressão de alegria nos rostos, enquanto traduzo para o português o que acabo de dizer para Edwin.

O americano procura disfarçar sua perplexidade, porque talvez tema parecer escandalizado. "Vocês adotam algum livro, seguem algum filósofo? Qual é o pastor desse rebanho, afinal?", pergunta, sorrindo. Todos riem, mas não têm uma resposta para aquela pergunta. Nós somos os bobos de Deus, me ocorre dizer mas não digo. Apenas Soíca me pede que traduza para o inglês a frase: "Não temos pastor porque não somos um rebanho". Edwin ri e em seguida fica sério: "Parabéns. Nunca ouvi falar nisso em meu país. Lá, toda corrente tem uma inspiração, uma filiação, e todo homem tem um pastor". Tomo um gole d'água e digo: "Como ponto de partida, tivemos o pensamento e a poesia sufis-

42 A GUERRA SANTA DO GATO

ta, que se manifestou dentro do islamismo. Depois alçamos vôo e deixamos de dar nome a isso que de certo modo nos apaixona mais que a própria vida – que é a vida, afinal. Voltamos àquele ponto do passado em que o sufismo não tinha nome nem contorno, nem definição nem limite. Como se diz falando do Deus sobre o qual é impossível falar, na mais alta poesia árabe de todos os tempos, ou como em diversas correntes do budismo asiático". Comemos em silêncio durante algum tempo, e todos parecem crianças felizes sob aquela luz que vem da janela. Tranqüilos na nossa própria condição e naquele momento singular, sem a inquietação das crianças. As palavras parecem de repente dispensáveis, tudo está em seu lugar e nada existe a ser completado ou modificado. Olho para Edwin e o surpreendo sorrindo, enquanto mastiga lentamente o pão. Aguardo um comentário mas ele continua a comer, sem pressa, como se quisesse permanecer para sempre naquele instante. A infinitude é aqui e agora. Quem quer sair disso, se o tempo acabou e o espaço não precisa mais ser utilizado? Na realidade a pergunta é outra: há alguém para sair de alguma coisa nesse momento? Ernesto e Cala se revezam, indo e voltando à cozinha para trazer comida, suco de frutas e água em garrafas.

Penso em alguma coisa vaga e muito antiga, quando nas viagens entre Timbo e Tombuctu meu pai, eu e meus irmãos descíamos dos camelos onde havia algumas árvores, para tomar água e em seguida prosseguir. Papai pedia que ficássemos calados, se possível vazios de pensamentos. Embora isso fosse difícil para mim e meus irmãos, ficávamos quietos para não contrariá-lo. Uma vez em que ele nos havia repreendido por nossa inquietação e constante mobilidade, eu me dispus a ficar imóvel pelo tempo que pudesse, sem sequer piscar os olhos. Meus irmãos me tentaram com brincadeiras, ou me tocando as costas com a ponta dos pés, mas permaneci firme na minha rigidez, olhos bem abertos fitando uma palmeira diante de mim. Creio que por alguns minutos perdi a consciência, pois despertei com meu pai me dando água para beber de um cantil de couro. Horas depois, já em casa e na cama para dormir, aqueles momentos me pareceram mágicos, cheios de uma beleza e de um colorido que não conseguia explicar a mim mesmo. Quando um dia interroguei meu pai a esse respeito, ele me respondeu: "Descubra sem pressa, por você mesmo". Essas lembranças passaram por mim num segundo, durante o almoço.

Não se falou em tempo algum, enquanto comemos, sobre o texto do Conselheiro que tem sido o tema principal de infinitas conversas no Valongo, quando naturalmente não temos visita. Mais tarde fomos, meu convidado e eu, atrás da carruagem que faz o percurso até o convento de Santo Antônio, onde vou deixar Edwin Godkin, que deseja visitar o claustro dos franciscanos antes de voltar para seu hotel em Santa Teresa. No caminho ele me diz que se estou certo de ir ao sertão da Bahia ele quer que lhe mande uma correspondência semanal ou até diária – eu posso decidir – para o *Evening Post*, por correio expresso. O tema naturalmente é o Conselheiro e sua guerra contra a República. "Que talvez não seja a guerra *dele*, nem contra absolutamente nada, a não ser a loucura e a injustiça neste mundo criado por nós, os civilizados." Edwin me olha de frente, antes de subir as escadas do convento: "Exatamente isso, ou o que julgar melhor. Você tem meu endereço e eu posso deixar-lhe algum dinheiro para despesas de locomoção". Aperto a mão que ele me estende: "Nem pensar nisso, por ora. Vou manter você informado do que eu for fazendo. Adeus".

Tomo uma vitória que vai passando e mando seguir na direção do cais, depois entrando pela rua Primeiro de Março, que teimo em chamar pelo seu nome antigo por pura nostalgia, rua Direita. Salto para andar um pouco – não é verdade, salto para recordar um pouco. Sem emoções mas com imenso agrado, passo a mão nas pedras e no mármore das igrejas que me viram chegar aqui há meio século. Entro um instante na do Carmo e respiro um perfume de incenso que ainda paira no ar, das missas da manhã. Morei ali perto quando cheguei da Bahia, depois de ter andado a pé metade do país, fugindo para não ser morto ou metido a ferros pela refrega de Água de Meninos que matou

44 A GUERRA SANTA DO GATO

muitos negros como eu e torturou tantos outros. Olho para a banda do mar: morei ali perto, num quarto pequeno, quando ainda não havia encontrado Olufeme, mãe dos meus filhos que morreram e avó de Ibraim. E Horácio, bom amigo que me chamava "meu querido irmão", médico respeitado da Santa Casa, companheiro de *haji* e portanto irmão uma vez mais, dando voltas comigo na Caaba, em Meca, quando a nossa fé estava sofrendo uma transformação.

Entro na rua do Ouvidor e subo, deixando para trás o mar e os restaurantes de peixadas que conheço tão bem. Vejo que há agitação na calçada do *Jornal do Brasil*, na rua Gonçalves Dias, e penso em atravessar a rua. "Adriano!", alguém me chama pelo nome de batismo e eu paro na beira da calçada, procurando o autor da voz. Um vulto chega por trás e me dá uma palmada nas costas. Volto o rosto e encaro quem me tocou. Percebo que estou meio arisco, talvez porque há pouco tive a impressão de que um sujeito de branco estava me seguindo desde o começo da Ouvidor. Mas é o Gervásio, como sempre acompanhado do seu gerente Guilherme, da Casa Bancária Arthur Aguiar, e eu me descontraio novamente. Nunca me esqueço dessa dupla que não se separa, porque nela o banqueiro parece um modesto funcionário e o gerente lembra um próspero banqueiro. Além disso, como fixador da memória, paira sobre eles uma história de homicídio. Guilherme assumiu a culpa pela morte de um jornalista que tentava extorquir dinheiro de Antonella, mulher de Gervásio. Este nunca teria conseguido pagar essa dívida moral com o outro, que se transformou na sua sombra talvez para o resto da vida.

Ali estava o Gervásio de sempre, nervoso e pessimista, puxando-me pelo braço para um canto e me falando na segunda derrota militar do governo republicano contra os jagunços baianos, para ele sintoma da decadência do novo regime. "Vamos ter um novo encilhamento, uma brutal especulação na Bolsa que vai levar à bancarrota e ao suicídio muita gente boa...", vai dizendo, agora agarrado à gola do meu casaco. É fascinante e desagradável como tipo humano, mas não me permito um único gesto de irritação ou de pressa fingida. "O que há, finalmente?", quero saber. "A República não se agüenta, veja essas derrotas militares diante de um bando de sertanejos miseráveis". Um sujeito alto, magro e muito pálido pára ao nosso lado e fingindo ler o jornal aberto à sua frente provavelmente escuta o que estamos falando. Em tempos de suspeição e intriga, estamos todos desconfiados, às vezes sem fundamento. Ainda assim, nós nos afastamos uns passos. Um minuto depois, o sujeito se afasta.

Gervásio arqueja a meu lado, e eu imagino como ele deve desgostar das pessoas com quem convive, até mesmo daquelas que ele pensa que ama. Digo-lhe que as coisas com freqüência se resolvem por si mesmas, e aí descobrimos que nossa preocupação foi inútil. Ele sorri, concordando, e tira do bolso um exemplar de *A Semana*, dobrado em dois, e começa a ler para mim o artigo de Machado de Assis que o deliciou: "Conheci ontem o que é celebridade. Estava comprando gazetas a um homem quando vi chegar uma mulher simples e dizer ao vendedor com voz descansada: 'Me dá uma folha que traz o retrato desse homem que briga lá fora'. Quem? Me esqueceu o nome dele. Leitor obtuso, se não percebeste que 'esse homem que briga lá fora' é nada menos que o nosso Antônio Conselheiro, crê-me que és ainda mais obtuso do que pareces". E o Gervásio pergunta, sorrindo aflito: "Entendeu?". Balanço a cabeça, sorrio também e vou saindo com um aceno.

De volta à minha solidão feliz, dou uma olhada nas páginas de jornal dispostas num mostruário envidraçado, em torno do qual algumas pessoas se juntam, procurando ler. "Nova retirada da Laguna. Os jagunços do Conselheiro vencem as tropas do major Febrônio sem as armas modernas e os canhões Krupp da República." Verifico se o Gervásio está a uma distância segura e ando alguns passos para examinar a outra vitrine. "Fuga e morte na serra do Cambaio. O Conselheiro desafia a República." Finalmente, no mostruário mais disputado pelos curiosos, uma primeira página com despachos da véspera: "O coronel Moreira César vai lavar a honra do país. Comandante diz que vai prender ou matar o Conselheiro". Sigo na direção da Santa Casa, com suas lembranças de Horácio. No alto do morro do Castelo, sobre o casario de telhados encardidos, o "pau da bandeira" está sendo açoitado pelo vento da tarde. Atravesso três ruas, dobro à esquerda e entro na Casa Rachel. Peço para examinar um conjunto de anel e pulseira que vi na motra há uma semana. Olho de bem perto as pedras, confiro o preço, deixo meu cartão, prometendo voltar nos próximos dias. Para o aniversário de Adelaide, em agosto, quero fazer uma surpresa. Se viajar antes disso, deixo Ibraim encarregado de levar-lhe essa lembrança no dia. Olho as horas e me lembro que foi Adelaide quem me deu esse Patek Phillip, relógio que uso no bolso do colete, assim como a chatilene de ouro que o prende à roupa. Volto à querida rua Direita e passo uma vez mais pela esquina da rua do Rosário, onde creio que o Banco do Brasil está construindo um edifício revestido de mármore e granito com o qual misteriosamente me identifico toda vez que ando por aqui. Pergunto a mim mesmo o que há por trás dessa vibração, e à falta de uma resposta continuo caminhando. Saio afinal próximo à colina de São Bento e observo no alato o mosteiro e o colégio dos beneditinos. Subo a escadaria devagar, até a igreja e o pequeno largo calçado com grandes pedras, onde muitas vezes no passado fui sozinho para me reconciliar com a realidade. Houve tempo em que a única distração naquele mirante era a vista maravilhosa da cidade que sempre amei. Depois aprendi que minha visão do mundo é parte da minha visão de mim mesmo contemplando o mundo.

Não tenho paixões nem sequer preferências, quando me concilio com os fatos. No mais das vezes, sou o Velho Adão em pessoa. Caminhar, repousar, meditar, comer, viajar não me serve mais como distração nem brotam do desejo de ser um novo homem, ou da esperança de mudar alguma coisa em mim próprio ou no mundo, mas acontece de um modo simples como a água brota na fonte e o vento sopra de maneira caprichosa na tempestade. A energia necessária para gerar movimento, mesmo que seja o movimento sutil das idéias, não nasce do impulso de ser alguma coisa diferenciada do que sou aqui e agora. Nem de uma fantasia a meu próprio respeito que deixo resvalar como se fosse realidade, ou de um papel que esteja representando sem perceber que sou personagem e autor ao mesmo tempo. A tendência a fazer de mim próprio o personagem de mim mesmo é uma tentação permanente, mas algumas vezes tão delicada e leve que já não sei quem olha e quem é olhado, quando penso que medito. Agora não digo a mim mesmo que vejo o mar e o céu que vai escurecendo a leste, nem a cidade que se agita um pouco antes de adormecer. Não digo nada a mim, na verdade, antes sou a cidade que resvala no horizonte escuro, e a paisagem que fala de amor todo o tempo, nessa cidade feita de poesia e beleza. Temo que os homens na sua estupidez vão um dia corromper essa paisagem, mas me consolo pensando que ela de noite se recupera também. A igreja está fechada neste fim de tarde, e a brisa arrasta folhas ressequidas pelo chão de pedra. Sons da cidade chegam da distância, como um chicote estalando no lombo de um burro, uma criança que chora porque está sozinha, um menino que assobia e desafina, as rodas de ferro de um bonde que rangem numa curva. Faço planos para passar aqui pelo menos uma parte da noite.

4
Sempre a lição dos pássaros
março

Vou até o centro da cidade ver o que restou do empastelamento da *Gazeta da Tarde*. A rua Uruguaiana está coalhada de gente naquele trecho, com uma agitação incomum e um alto vozerio reveladores do estado de nervos reinante na cidade depois da derrota das tropas republicanas em Canudos e da notícia da morte do coronel Moreira César, seu comandante. Há uma urgência de vingança no ar; grupos percorrem as ruas e chegam às redações dos jornais para verberar seu protesto, propor reações ou exigir medidas. Diante das portas do jornal há muito papel molhado nas calçadas, o que torna o caminhar escorregadio e perigoso. Um redator da *Gazeta* que conheço apenas pelo nome de Mateus vem até mim, atravessando a rua, para contar como foi a violência de ontem. Um bando de não mais de dez homens começara quebrando as máquinas, espancando funcionários e ameaçando os redatores que afinal fugiram. O querosene de várias lâmpadas que foram trazidas por eles foi derramado nas mesas e nas rotativas, e em seguida atearam fogo. Parece que um entregador que reagiu nos primeiros instantes da invasão morreu com os espancamentos recebidos.

Visito em seguida outro jornal, a *Gazeta de Notícias*, e conversando com o gerente industrial Carlos Seabra soube que eles es-

50 A GUERRA SANTA DO GATO

tão pensando em mandar um dos seus jornalistas a Canudos. Antes que lhe perguntasse quem seria ele me disse que Fávila Nunes já estava destacado para a missão de correspondente porque havia escrito artigos a respeito do Conselheiro e sobre a ameaça que ele representava à República. Existe assim, penso imediatamente, um sistema de informação sendo elaborado, feito para confirmar as suspeitas – diria melhor, as certezas – do governo central no Rio de Janeiro. O Conselheiro já havia sido julgado e condenado, antes mesmo de ser conhecido melhor. Desde os primeiros contatos entre as autoridades do país e os sertanejos sediados agora em Canudos, as primeiras atacaram a bala e os segundos reagiram do modo precário que foi possível, e em seguida se armaram. Em qualquer outra circunstância eu argumentaria com meus colegas da imprensa a esse respeito, mas não agora. Os ressentimentos e preconceitos estavam todos à flor da pele e depois, não poderia ignorar nunca esse detalhe, eu continuava sendo um "estranho" por ser um negro, um africano de origem, um não-europeu.

"Muçá!", Ibraim me chamou com a alegria habitual e veio ao meu encontro quando entrei em casa. "Que significa *Over-Soul*, que você cita nas suas anotações americanas sobre Emerson?" Pendurei o chapéu e troquei meu casaco por uma camisa russa abotoada no lado do pescoço, que costumo vestir quando estou em casa. "Há muitos nomes para o que alguns chamam de Grande Espírito, como os índios americanos, e de Substância Comum do Universo, como o filósofo holandês de origem portuguesa, Spinoza, digo enquanto acomodo na poltrona o corpo cansado da andança pela cidade. Ibraim chega em casa sempre no final da tarde, quando termina o expediente no banco da rua Uruguaiana, onde ele trabalha há uns cinco anos. Dono de memória extraordinária, ele decorou vários capítulos do clássico persa de Farid Attar, *Mantic uttair*, livro que reli durante muitos anos. "Lembra-se do Simorg?", pergunto, fazendo vibrar as consoantes finais do personagem central da obra que tantas vezes lemos juntos. "Os trinta pássaros que chegam afinal à montanha do Simorg descobrem que ele na verdade é o coração dos que o encontram, embora nem sempre seja o coração dos que procuram. A lição do *Mantic* é a de que tudo o que de fato interessa o homem só pode ser achado nele próprio. Em persa, a palavra *simorg* significa 'trinta pássaros'."

Ibraim caminha com cuidado, como se temesse interromper o curso dos próprios pensamentos. Senta-se diante de mim, muito quieto. "Então, não apenas em Attar ou em Spinoza, em Ibn Arabi ou Al-Gazhali, em Maomé, Jesus ou – quem sabe? – em nós mesmos, o Espírito sopra quando bem entende", falo lentamente. "E o *Over-Soul* de Emerson é esse milagre, que em geral se manifesta no silêncio da alma, no vazio da vontade, na ausência da opinião, no vácuo da vaidade, no desencanto de toda riqueza e de qualquer pompa. Mas Ele só opera quando existe amor, não o amor de segunda classe que é possessivo, mas o que São Paulo identifica em suas epístolas por *Charitas*." Costumo fazer uma pausa quando falamos nesses assuntos, para que as coisas faladas e pensadas assentem no nosso interior. Uma conversa intercalada de silêncios tem o principal requisito de uma conversa de verdade, e Ibraim descobre isso, tal como eu, sempre que com isso se defronta.

Hoje a conversa entre nós continuou até a hora do jantar. Pouco antes, Adelaide chegou de uma visita que fez à viúva de Luís Carneiro, funcionário da Fazenda e velho amigo nosso. Minha mulher se junta a nós e fala brevemente no sofrimento da senhora que viveu setenta anos ao lado do mesmo homem e que agora pede a seus visitantes que se lembrem de alguma coisa que traga de volta, por um instante, uma recordação nova para ela, na forma de uma lembrança ou de um perfume sequer de Luís Carneiro.

"O que mais dói na morte dos outros", comenta Ibraim, "além da falta que eles fazem é a evocação da nossa morte inevitável, a transitoriedade da nossa pobre vida." Adelaide olha para mim, depois para Ibraim: "Quantos anos faz que sua mãe morreu, filhinho?". São dez anos, ele mal se lembra. "E Horácio, Muçá?"

52 A GUERRA SANTA DO GATO

"Horácio morreu dois anos depois dela", respondo, olhando pela janela. Sim, me lembro dela com freqüência, de como a conheci um ano após sair de Salvador, num quilombo. Lembro quando nasceu Fasaha, seu pai...", digo, virando-me para Ibraim. "E me lembro muito bem de Tiago, que morreu num hospital de Assunção, no Paraguai, e nunca se casou nem teve filhos." "Por que você fez a *haji*, Muçá? Quando foi isso?", pergunta Ibraim, os olhos brilhantes. O perfume do caruru que vem da cozinha abre meu apetite. Encosto verticalmente na almofada e observo o ritmo da minha respiração: "Tinha 64 anos quando fiz minha peregrinação a Meca. Fui na companhia de Horácio, meu amigo médico da Santa Casa da Misericórdia do Rio de Janeiro, que conheci logo que cheguei à capital. Depois da *haji*, andamos pela Europa algum tempo. Mas fiz a peregrinação porque naquela época eu era mais formalmente ligado à fé muçulmana do que me tornei depois. Queria conhecer aquela humanidade islâmica desde muito jovem, quando li alguma coisa da literatura árabe e persa, a começar pelo *Mantic uttair*. Em Paris, meses depois, comprei dois livros do marroquino Ibn Ibris que me abriram os olhos, o espírito e principalmente o coração".

"Você faria hoje novamente a *haji?*", quer saber Ibraim. Confirmo com a cabeça: "A peregrinação em busca da verdade é a tarefa humana de uma vida inteira. Toda existência dedicada ao conhecimento da própria essência é em si mesma a *haji*. Você não precisa sair de casa para fazer a peregrinação a Meca". Anoitece lá fora, e os três continuamos na sala agora escura um tempo que não saberia calcular, vendo o jogo de sombras que os lampiões da rua projetam nas paredes, apenas percebendo as silhuetas uns dos outros. É como se a conversa entre nós continuasse animada. Na verdade eu sinto que no silêncio que nos envolve ela continua.

Saio de manhã com Ibraim, para andar um pouco. Fomos até a praça de touros mandada construir no bairro há dois anos, feita caprichosamente com pedra e tijolos, para funcionar aos domingos. Depois descemos até a chácara do conde de Lages, quase em frente à do almirante Delamare. Subimos a rua Cosme

Velho, antiga homenagem a Cosme Velho Pereira, onde hoje no número 18 mora Machado de Assis numa casa alugada. Nunca vi aquelas janelas abertas, penso enquanto olho um instante as samambaias da frente, que estão viçosas. Vamos até o Largo do Boticário que recebeu esse nome por ter vivido ali o sargento-mor José Joaquim da Silva Couto, fabricante de xaropes e ungüentos. Vou contando a Ibraim essas histórias, que parecem deliciá-lo. Minha voz está um pouco ofegante, porque a calçada sobe em ladeira. Continuo falando, agora sobre a Bica da Rainha, que fica um pouco adiante, nas Águas Férreas. Li em algum lugar que Dona Maria, a Louca, costumava vir até ali com freqüência, porque acreditava que aquela água era milagrosa, junto com outras mulheres da Corte. Desse costume teria nascido a expressão "Maria vai com as outras", para designar quem segue as tendências do momento. Ibrahim sorri e se distrai, chuta sementes no chão, apanha folhas queimadas do sol, respira o perfume de bosque que paira no ar.

Já antes de chegar à estação do trenzinho do Corcovado, estou dando sinais de cansaço. "Você me disse que a estrada de ferro e um hotel na mata foram construídos pelo mesmo engenheiro na mesma época, não é assim?", pergunta meu neto, fingindo que se apóia no meu ombro. Era isso mesmo, conhecia bem o engenheiro Marcelino Ramos, um homem obcecado por seu trabalho. Paramos, enquanto respiro fundo, em seguida damos meia-volta e descemos lentamente a rua. "Sabe quanto custou tudo isso?", pergunto, para mostrar que estou bem. A volta é tranqüila, as pernas agradecem.

"A estrada custou 656 e o hotel 55 contos. Isso foi há quinze anos, e na época os jornais achavam muito dinheiro." Caminhamos em silêncio mais uns duzentos metros. Espantosa cidade, afundada na mata entre montanhas, banhada pelo mar a seu redor, marcada por pedras monumentais, com montanhas azuis no horizonte e um clima delicioso quase o ano inteiro. Gosto de imaginar que o Paraíso Perdido de que falam alguns velhos livros não devia estar longe daqui.

A GUERRA SANTA DO GATO

"Muçá", é a voz de Ibraim. "Você acha que essa guerra que está acontecendo no sertão da Bahia tem algum parentesco com a 'guerra santa' de que falam as escrituras maometanas? Você tem dito que a guerra dos campos de batalha não é a guerra que o homem trava dentro de si mesmo." Sinto que essas preocupações ocupam cada vez mais o espírito de meu neto. Não é um interesse fútil nele, tenho certeza, é o sentido das coisas que o perturba e ele tenta desvendar. Vejo seu rosto jovem marcado pela dúvida e entendo que esse é o centro das suas atenções ultimamente. "Há uma frase do marroquino Ibn Ibris que explica isso", falo com Ibraim. "A frase é esta: 'Na guerra única que deves travar, não ataca os cristãos, os judeus ou os muçulmanos, mas golpeia com vigor tua própria alma, e não cessa de te fazer uma só coisa com essa alma, para sempre até que morras'". Ibraim caminha de cabeça baixa, vai pensando.

"Se fosse só a guerra de um exército contra outro, ou de um grupo de fanáticos contra soldados do governo", continuo falando, "se eu visse apenas isso no que está acontecendo no sertão do Conselheiro, não daria ao assunto maior atenção do que dei à revolta Federalista e à revolta da Armada, acontecidas aqui nos últimos cinco anos. Floriano Peixoto, o almirante Custódio de Melo e o presidente Prudente de Morais são homens comuns e as situações em que se envolveram são semelhantes a todas as outras da história brasileira. O caso de Antônio Vicente Mendes Maciel, chamado Conselheiro, é completamente outro." Minha respiração voltou ao normal, caminho com desembaraço e olho em frente, enquanto falo.

"Os seguidores do Conselheiro são, esses também, homens comuns", vou dizendo. "São vaqueiros, donos de terras expulsos delas, alforriados, escravos fugidos, doentes, alucinados, penitentes, curiosos. Durante vinte anos esse séquito peregrinou pelos sertões do Ceará, de Pernambuco, Alagoas, Sergipe, e foi parar no norte da Bahia, no lugar mais distante dos grandes centros que foi possível encontrar. Ali o Conselheiro quis fazer seu Eldorado, seu Reino de Deus na Terra; mas com súditos comuns, homens que como a maioria da espécie busca a emoção e o prazer, de preferência revestidos do sobrenatural, sua Cidade de Deus estava fadada à destruição. O sonho humano mais antigo, o de ter de volta o Paraíso Terrestre que foi perdido com o pecado original, só seria possível com a cura dos efeitos dessa grande queda." Paro na esquina da nossa rua, tocado pelo perfume de um jasmineiro que não vejo de imediato. Ali está ele, a alguns metros atrás. Volto e aspiro profundamente, encostado no muro. Ibraim olha preocupado em volta, para ver se alguém me observa. Sorrio por dentro e continuo andando, enquanto falo: "Muitos homens fizeram isso na história da humanidade e viveram plenamente essa experiência. Já com seus seguidores – diria melhor, pretensos seguidores – aconteceu outra coisa, porque eles meteram sempre os pés pelas mãos, precipitando ações coletivas ou fundando religiões e hostes de guerreiros. Isso durante a vida dos seus mestres ou após sua morte. No caso do Conselheiro os fatos ainda estão acontecendo, é difícil prever. Mas não é de todo impossível".

Ibraim me toca no braço e me faz parar. "Lembro que você me contou que um conhecido seu, um cônsul inglês em Santos, parece, quis ver de perto uma guerra acontecer e foi ao Paraguai, não é isso?" Levei um momento escavando na memória o assunto, e de repente ele chegou por inteiro à consciência. Sim, Sir Richard Burton me surgiu na memória, tal como o vi creio que nas barrancas do rio Paraná. Ele me contou no Paraguai que estava morando em Santos, onde era cônsul da Inglaterra e onde havia deixado a mulher enquanto correu para ver uma guerra de perto. Munido de binóculos possantes e de um chapéu de colonizador inglês, viu boa parte do espetáculo. Esse mesmo Burton foi quem me incentivou a fazer a peregrinação a Meca, ele que estivera lá uns anos antes, disfarçado de árabe muçulmano. Mas por que Ibraim havia se lembrado de Sir Richard? Meu neto fez um gesto com as mãos, procurando as palavras com receio de estar dizendo alguma bobagem: "Você quer ver o Conselheiro de perto, não é isso?". Novamente engoli um sorriso, para não magoar

56 A GUERRA SANTA DO GATO

o rapaz. "É mais ou menos isso. Mas talvez com melhores e maiores motivos do que o cônsul", falei.

No final da tarde recebo em casa o poeta e escritor Magalhães de Azeredo que, de passagem pelo Rio de Janeiro, vem me falar da academia literária que está sendo organizada. Diz que quando voltar a Paris a instituição estará em funcionamento, e conta como sugeriu o nome de Machado de Assis para seu presidente, bem como indicou o nome do Barão do Rio Branco para membro. Como estive numa das reuniões preparatórias e externei algumas opiniões sobre as ligações do jornalismo com a literatura num país como o Brasil, ele pede minha ajuda para selecionar livros e autores, bem como sugerir atividades para a academia. Digo a ele que gosto muito dos seus artigos na *Revista Moderna*, e comentamos as ignomínias de Sílvio Romero contra Machado de Assis, que Azeredo tem refutado o quanto pode.

Lembro ao poeta que a obsessão da morte presente no livro do escritor publicado há quinze anos, *Memórias póstumas de Brás Cubas*, está muito viva em nós todos, embora com raízes e efeitos diferentes. Azeredo sabe trechos inteiros de Machado de cor. A propósito das obsessões do escritor, lembra que também é imensa sua preocupação com a glória, no caso dele a literária. E cita a parte das *Memórias* em que um militar e um padre discutem essa paixão, o primeiro louvando o sentimento, o segundo considerando-o abominável. "A academia elegeu os dez membros que vão compor o quadro dos quarenta escritores que formarão a base da instituição", conta Azeredo, entusiasmado, concluindo: "Estamos precisando do apoio das pessoas que amam a literatura. Como o senhor...". Agradeço a lembrança, mas digo que no momento estou às voltas com uns projetos que vão me prender em casa, ou me fazer viajar muito em breve, depende. Não me alongo a esse respeito, nem ele pergunta mais nada. Trocamos um aperto de mão na porta e ficamos de nos encontrar em futuro próximo. Fiquei olhando pela janela, enquanto ele descia, jovem e animado, a rua das Laranjeiras atrás de uma vitória ou uma carruagem que o levasse ao centro da cidade.

Na minha vida li os autores estrangeiros à medida que os conheci pessoalmente. Na longa viagem à Europa, feita depois do *haji*, há quase trinta anos, conheci de apresentação, de longe ou de curtos contatos e mais tarde por meio de cartas, um ou outro escritor de renome, mas alguma coisa da sua obra só vim a conhecer depois disso. Foi assim com Victor Hugo, com quem falei na casa dos Goncourt, quando o autor de *Noventa e três* retornou do exílio. Assim também aconteceu com Flaubert, que vislumbrei numa janela na Normandia, logo que desembarquei pela primeira vez na França. Menos superficialmente aconteceu com o americano Emerson, em cuja casa estive em Concord, e cujos livros li depois com um entusiasmo que nunca arrefeceu. Li também, mas não extensivamente, os autores brasileiros que vi de longe ou com os quais falei, tendo testemunhado a admiração geral por eles. Tenho por alguns livros um imenso apreço, mas confesso com humildade e sem nenhuma vergonha que nunca me devotei a eles em excesso, nem os colecionei e muito menos venerei o que alguns chamam com encantamento de literatura. Mas ainda está para ser escrito o livro que ensinará o homem a viver em paz e em plena felicidade, a menos que se considere, à maneira dos alquimistas, o conhecimento de si mesmo uma espécie de livro que alguém escreve na própria alma com o sangue das ilusões que ele teve a coragem de dissolver.

O fato de haver escrito um diário durante boa parte da minha vida deveu-se primeiro à vaga idéia de me poupar da inexperiência, anotando os caminhos escolhidos, para depois avaliar os erros e evitar que caísse nas mesmas armadilhas. Depois e já com alguma experiência de vida acumulada, continuei essas anotações na esperança de servir a alguém um dia, alguém que jamais vou conhecer mas que terá a minha mesma natureza humana, embora provavelmente possua outra cor de pele e se expresse em outra língua, como uma espécie de bússola no labirinto da existência, onde continuo acreditando que um gesto caloroso, um dedo apontando um atalho ou um aviso advertindo para um abismo são preciosas contribuições.

58 A GUERRA SANTA DO GATO

Encontrei numa das caixas em que guardo papéis antigos algumas anotações que fiz com base em leituras rápidas e demoradas meditações em longas caminhadas, aqui mesmo no Rio de Janeiro ou em Pati-do-Alferes, onde fui uma vez resolver um problema de terras de Adelaide e tivemos depois uma fazenda. Gostava de me isolar ali duas ou mais semanas, e para que esse isolamento fosse completo levava de casa alguma comida que pudesse cozinhar no velho fogão no fundo da casa. Lembro especialmente uma noite em que caiu uma tempestade formidável na região. Quis ver o espetáculo dos raios e trovões, e apaguei os lampiões da varanda para não prejudicar o efeito dos relâmpagos, ficando sozinho na varanda por longas horas. Porque a tempestade passou e minutos depois voltou, com a inconstância dos ventos. Não resisti à tentação de sair sob o aguaceiro, caminhando sob as árvores, no gramado e pela horta, andando lentamente e olhando o céu coruscante. Tirei a camisa, livrei-me afinal da roupa toda e vaguei descalço pelos caminhos da fazenda, sem pressa alguma e sem nenhum destino. Agora encontro as notas que tomei quando voltei para casa e me deixei ficar molhado na mesa de jantar, feliz e vazio, não imaginando que tivesse feito alguma coisa diferente do que fizera a vida inteira, mas contente – a palavra é insuficiente para expressar o que sentia – e sossegado até a última célula do meu corpo e do meu espírito. Segue-se um trecho das anotações:

Na verdadeira meditação, o momento em que "vou meditar" é diferente do momento em que "estou meditando". Nesse em que "estou" nada acontece, mas se tenho real curiosidade, logo em seguida chega até mim – a expressão é essa mesmo, "chega até mim" – o significado de meditação, sua causa e seu efeito, sua dimensão profunda. Logo vejo que aquilo que julgava meditação era um projeto que nunca se realizava, ou era um estado confuso da ilusão de meditar. É evidente: quem queria meditar, isto é, entender alguma coisa além do eu comum meditativo, era exatamente esse que desejava transcender a meditação. Verificada a impossibilidade, restava a inanidade. E aí alguma coisa brilhava no escuro.

SEMPRE A LIÇÃO DOS PÁSSAROS   59

E um pouco mais adiante:

A alma humana (vamos chamar assim, pelo hábito de dar um nome a cada coisa) é rica em destreza e resvala entre nossos sentidos e em meio aos dedos que querem agarrá-la a fim de entendê-la. A certa altura vislumbrei a impossibilidade absoluta de a alma olhar de frente para si mesma, e compreender-se num relance. Essa certeza de que é impossível essa manobra me fez parar por alguns segundos, mas essa não foi uma parada comum. É como se desistir de lutar importasse num alívio, em princípio, e logo depois se renovassem em mim mesmo todas as energias da gratuidade e todo o poder de descobrir o que acontecia ao meu redor.

Nenhuma relação com a tempestade e minha caminhada por ela, mas a verdade absoluta, pelo menos como me pareceu na ocasião. Na mesma caixa deixada na fazenda de Pati-do-Alferes enquanto a fazenda foi minha, e mais tarde trazida para o Rio de Janeiro, encontro agora outras anotações que nada têm com este diário que obedece à seqüência dos dias de minha vida desde o tempo em que fugi da Bahia para o Sul ou para o que era então a Corte. Como essas notas sobre o apóstolo São Paulo, de quem li muita coisa, e que não parecem escritas há três décadas mas há três horas, tanto me reconheço nessas entradas feitas há tanto tempo:

O pensamento de Paulo mudou com o tempo, e de tal maneira que duas gerações depois da sua a palavra "Cristo" havia perdido suas associações militantes para tornar-se alguma coisa interior. Quando Paulo deixou seu "retiro", Cristo já era alguém muito diverso do mito Deus-Guerreiro dos judeus. O poder então residia na fraqueza, e o que nada possuía tinha tudo. Quando Paulo voltou a Jerusalém depois de duas décadas como missionário, Jesus para ele havia mudado. Segundo ele, foi sua "escravidão" à idéia de Jesus que o libertou. Paulo gostava de contradições aparentes. Ele trabalhou com as mãos todo o resto de sua vida. Trabalho manual para prover suas despesas, muito modestas. Tal-

60 A GUERRA SANTA DO GATO

vez o mais importante fato da história cristã tenha ocorrido nesses anos de silêncio na vida de Paulo, em regiões da Arábia, da Síria e da Cilícia. Muito do seu ministério foi acumulado então. Em 49 d.c., Cláudio expulsou os judeus de Roma porque eles causavam "distúrbios em nome de Chrestus". Cláudio era helenista de coração e sonhava trazer para Roma os mistérios de Elêusis. Eram os judeus que levavam ao mundo o pensamento de Chrestus, isto é, de Cristo. Para Paulo, a alma humana (a mente comum) é um dispositivo contraditório aprisionado na carne, que em geral pela fraqueza e pelo desejo conduz o ser humano ao desastre, à desarmonia e à contradição crescente. A sensualidade do homem é apenas uma parte pequena disso tudo. Bons ensinamentos e contenção de nada servem, a não ser para realçar a diferença entre o bem a que aspiramos e a loucura teimosa das nossas ações. Desse combate subterrâneo ou encarniçado só resulta mais conflito.

"Boa noite, Muçá", diz Ibraim, acendendo o abajur da sala de entrada. Ele se aproxima e me beija no rosto. Pergunto por Leonor e sobre o que se diz na cidade a respeito de Canudos. Meu neto se senta, o rosto muito sério, e me diz que há muita violência no centro, com gritos, correria e até depredação de alguns jornais. Dizem que mataram um jornalista na rua Camerino, algum amigo da Monarquia. Fico em silêncio, ouvindo os relatos que dão conta da pressa e da estupidez humanas. Ibraim traz da copa suco de laranja para nós, e deixa apenas a luz do vestíbulo iluminando nosso escritório. Lá fora, bem longe, um guarda-civil faz soar seu apito rotineiro.

5
Encontros numa cidade amável
abril

Os grandes heróis da Guerra do Paraguai foram os soldados negros que constituíam a maioria dos efetivos militares brasileiros nas frentes de batalha. De volta a seu país, esse contingente de heróis e donos da vitória devia voltar às senzalas das casas-grandes e às cozinhas dos sobrados urbanos, como escravos que ainda eram. Se não tivesse havido a Abolição por iniciativa da princesa regente, a liberdade teria sido conquistada pela força, quando nada faltava para evitar a humilhação do país inteiro aos olhos do mundo." Ainda tenho cópia desse início de discurso que fiz para Ibraim ler na escola, com a condição de que ele completasse o restante com as suas próprias palavras e idéias. Estendo agora o papel que ele lê rapidamente e me devolve, rindo com a lembrança. "Resolvi acrescentar no discurso um trecho da poesia de Castro Alves do 'Navio Negreiro', diz ele, declamando e fazendo gestos: "Andrada, arranca esse pendão dos ares, Colombo, fecha a porta dos teus mares".

Ibraim hoje está eufórico, parecendo vibrar com as idéias que lhe ocorrem ou nasceram de alguma coisa que ouviu de mim ou tirou das leituras que faz sempre que pode. Volta a falar na crise política e na comoção popular causada pela derrota da Terceira Expedição do governo a Canudos, quando morreu tragica-

62 A GUERRA SANTA DO GATO

mente o coronel "Corta-Cabeças", como é chamado hoje Moreira César. A rua do Ouvidor, no Rio de Janeiro, teve seu nome trocado pelo do novo herói. E nessa mesma rua o diretor do *Jornal do Commercio* foi espancado quase até a morte por um bando de florianistas. Consta que José Carlos Rodrigues teria perdido uma orelha na refrega. Pior ainda, o coronel Gentil de Castro, diretor da *Gazeta da Tarde* e gerente do jornal *Liberdade*, morreu esta semana com dois tiros, na estação de São Francisco Xavier. A casa de Rui Barbosa na rua São Clemente, em Botafogo, foi atacada a tiros há poucos dias.

Um homem parecido com Joaquim Nabuco foi agredido a pedradas, por uma multidão enfurecida, na rua de Santa Luzia. "O país cobre-se de crepe", dizem os jornais do governo. "Moreira César foi imprudente", afirmam os da oposição. Ibraim conta detalhes do que eu havia lido nos jornais: a *Gazeta da Tarde*, o *Liberdade* e o *Apóstolo* tiveram suas redações incendiadas no Rio de Janeiro, e o jornal paulista *Comércio*, da família Prado, foi igualmente atacado por ser considerado monarquista, portanto simpatizante dos jagunços. No centro do Rio há cavalaria nas ruas para guarnecer o *Jornal do Brasil*, que pediu proteção militar. Por tudo isso, Prudente de Morais, presidente de licença médica para tratamento da saúde, reassumiu seu cargo e anulou alguns atos do vice-presidente baiano que o substituíra, e que tinha simpatias pelos militares florianistas.

"Gente que eu nunca vi antes, falando em altos brados", conta Ibraim, erguendo-se na poltrona com arrebatamento. "Vi tanta raiva nos rostos, tanto jeito ameaçador, que fiquei espantado", ele conta. Andou muito tempo pela cidade, aproximando-se de ajuntamentos, fazendo perguntas, ouvindo discursos exaltados e conversas em diferentes grupos. Nada o havia impressionado mais do que os pequenos bandos armados que viu, com gente empunhando pedaços de madeira, bengalas, facas e revólveres, andando depressa, às vezes correndo, os rostos irados, indo de um lado ao outro das ruas. Ibraim falou longamente, e nesse meio tempo meus olhos não se afastaram dos dele. Via as

ENCONTROS NUMA CIDADE AMÁVEL 63

cenas que me descrevia, mas me mantive calmo até que ele pareceu cansado.

"Quando há violência e morte", digo em voz baixa, para reduzir o grau de excitação da conversa, mantendo o corpo ereto mas descontraído, "e um medo mais agudo se instala em nossa alma, temos pressa de localizar os culpados, as causas, os responsáveis, a origem das coisas. É a hora da precipitação, da má escolha, da rigidez que só leva a mais medo. Ficamos dando voltas nesse estado de espírito, e nunca nos movemos de verdade nessa busca." Ibraim faz menção de falar, mas entende que agora deve ouvir um pouco mais. "Quando se instala o caos num grupo humano, numa família, numa nação qualquer, essa urgência se manifesta e tem um sabor de desespero. Nesse estado não nos voltamos nunca para o entendimento do problema que nos está afetando. O que a gente quer aí é ficar livre do que nos incomoda, sem nenhum interesse pelo que nos está perturbando de verdade. Se queremos fugir, não queremos de fato compreender. Nem poderíamos, se quiséssemos, não é assim." Ibraim não é um ouvinte comum, e assim ele parece ter-se colocado naquele estado que Ibn Ibris chama de disponibilidade. Uma frase do marroquino se acende na minha cabeça: "A receptividade é coisa sagrada, mas ela só acontece no vazio, quando não queremos conseguir nada, nem sequer buscar entender como uma conquista, uma aquisição, um sintoma de inteligência em nós. Nada disso. Ficamos apenas assim, abertos à realidade, curiosos num sentido especial da palavra. Enfim, receptivos". Ibraim mantém-se imóvel, atento, mas sinto que por dentro está flexível.

"Observe com carinho. A desordem fora de nós, no meio em que vivemos, não é estranha à nossa desordem interna, pessoal", continuo a falar. "Então tenho de começar por mim, o observador tumultuado, percebendo o tumulto e a observação, para saber como reajo ao que parece vir de fora e me atinge, e me modifica. Ver como reajo imediatamente após qualquer estímulo, entendendo que em mim a percepção pura é vazia, enquanto toda reação reflete um aprendizado, é resultado de uma opinião, de uma idéia cristalizada. Isso parece confuso, dito assim?",

64   A GUERRA SANTA DO GATO

finalmente pergunto. Ibraim ajeita o corpo na poltrona: "Muçá, estou acompanhando você". Ouço vindo da rua um pregão vendendo alguma coisa, talvez um vassoureiro. Espero que o lamento se afaste, e torno a falar: "A confusão fora de nós tem muito a ver com a confusão dentro de nós. As almas humanas são parecidas, enquanto o Espírito, que raramente as visita, é a cada instante uma coisa nova. E veja como são as coisas, nada nos desagrada mais do que ver nos outros defeitos que sepultamos em nós, mas dos quais não nos livramos de fato. Assim, o que nos aborrece mais no caos alheio, no caos do mundo, é sua semelhança com o caos, à desordem que sepultamos à força em nós. Quando penso no caos e não vejo que também faço parte dele, não o entendo completamente. Como pode a confusão entender alguma coisa, se o olhar com que ela investiga o caos é também confuso? Um guia de cego pode padecer de todas as limitações do corpo, menos ser cego também".

Ibraim sorri, descansa a cabeça nas mãos que cruza na nuca, mal contendo uma pergunta: "E essa confusão toda em torno do Conselheiro?". Torno a falar: "Você sabe que as pessoas dão nomes diferentes a coisas iguais e chamam pelo mesmo nome coisas diversas. A designação por palavras é uma forma de marcação emocional, e as emoções têm um papel importante na nossa memória e principalmente nas nossas reações, mas elas são enganosas. Se você chama alguém por um nome odioso, certamente vai impregnar essa pessoa dos sentimentos que acompanham essa designação. Mas quero simplificar isso que estou querendo passar, e para isso talvez deva recomeçar de outro modo. Estou falando na minha dificuldade de lidar com as palavras em casos como este, não em nenhuma dificuldade que você tenha para me entender, certo?".

Levanto, vou até a janela e olho o céu, como costumo fazer. Aí observo Ibraim longamente, e sorrimos de leve um para o outro. Sei que tenho diante de mim o ouvinte perfeito, mas não sei se sou o melhor dos interlocutores. "Li no *Jornal de Notícias*, da Bahia, um depoimento do Barão de Jeremoabo sobre um encontro seu com Antônio Maciel no município de Itapicuru, cerca-

ENCONTROS NUMA CIDADE AMÁVEL   65

dos ambos pelo povo humilde do lugar que esperava um sermão do Conselheiro", vou contando enquanto Ibraim quase arregala os olhos, espantado com a minha mudança de tom e com o aparente desvio do assunto. "Nossa inimiga é a escravidão, a ignorância que escraviza a nós todos, pretos e brancos, e que nenhuma Abolição pode remover por decreto porque os que governam e decidem também são escravos, disse o taumaturgo aos seus ouvintes. Um rapaz do escritório do *Jornal de Notícias* da capital do Estado, que estava ali perto, começou a tomar notas mesmo sem entender o que ouvia. E por sorte nossa passou seu texto para Salvador, que o imprimiu e sem se dar conta disso nos legou uma fatia fresca e verdadeira do puro pensamento do Bom Jesus Conselheiro", digo, fazendo uma pausa.

"Nessa entrevista feita há pouco ele falou alguma coisa especialmente importante", continuo falando, "e achei mesmo que suas palavras chegaram quase por milagre até nós. 'Abolição, República, positivismo e coisas tais', ele teria dito, 'são distrações e nada mais, meras idéias e palavras com que os homens se distraem no seu purgatório diário, na sua ignorância quase absoluta, no seu medo da vida e pânico da morte, ou na vaga mas teimosa idéia da própria infelicidade e confusão.' Esse momento inspirado que aparentemente nenhum doutor, militar, jornalista ou deputado retocou ou deformou para adaptar ao seu pobre entendimento, diz muito mais coisa do que eu tentei dizer há pouco para você", concluo olhando Ibraim, ainda segurando o recorte do jornal que havia tirado de dentro de um livro.

"Entendo o que está dizendo, Muçá. É aquilo que já conversamos outras vezes, sobre a história das religiões", diz Ibraim, espichado na poltrona. "Quando alguém fala de alguma coisa totalmente nova, embora seja eterna em sua novidade, ela é filtrada pela linguagem e pelo pensamento de outras pessoas que acabam destruindo..." Aproximo meu rosto do dele: "Domesticando é a palavra. Acabam domesticando essa coisa nova que acabou de ser organizada em palavras e vai durar muito pouco porque será apenas repetida, e não vivida em todo seu significado". Ficamos em silêncio algum tempo, vendo a beleza do instante. As lomba-

66 A GUERRA SANTA DO GATO

das dos livros na estante me parecem harmoniosas, mas no momento não penso nem me interessa saber seu título ou conteúdo. Percebo apenas milhares de folhas recortadas com simetria e metidas dentro de grossas capas de couro ou percalina, com sinais dourados nas lombadas de cores variadas. Uma pequena jarra de cristal na extremidade da estante torna-se um deslumbramento de retângulos coloridos, quando tocada por um fino raio de sol refletido em alguma vidraça distante.

No fim da tarde, numa calçada da rua dos Andradas, encontro Fernando Marcondes Machado, com quem trabalhei no *Diário do Rio de Janeiro*, na época da mudança do jornal para a rua do Ouvidor e enquanto ainda era revisor em *A República*. Machado está bem abatido e me conta que esteve muito doente mas agora se sente melhor. Com voz sumida, comenta os ataques a jornais no Rio de Janeiro por florianistas e militares radicais à paisana, nos últimos dias. Machado me diz que vem à cidade somente para ver se ela ainda é a mesma do nosso tempo, porque de fato não tem mais nada a fazer por lá. E se ressente de não encontrar mais na rua do Ouvidor as mesmas caras de antigamente. "Há apenas vinte anos", diz ele, "não conseguia dar dez passos nas ruas do centro sem deparar com um conhecido ou um velho amigo. Agora não, ando em busca dos velhos rostos e nada encontro. Isso acontece com você também?" Digo-lhe que sim, mesmo porque sou mais velho do que ele. Machado parece consolado e me abraça antes de seguir caminho. Na verdade nunca me dei conta desse desaparecimento de caras conhecidas, talvez por nunca ter feito a contabilidade delas, talvez porque sempre achei essas interrupções das minhas caminhadas meio cansativas.

A paisagem da Ouvidor me parece triste hoje. Suas casas de ourives, sapateiros, relojoeiros, fabricantes de carruagens, modistas, retratistas e floristas exibem com orgulho sua requintada inutilidade. Pelo menos é assim que tudo me parece, então. Mais adiante, ao entrar na rua do Rosário dou de frente com duas senhoras, e logo me ocorre que conheço uma delas, não por acaso a que parece mais velha. Dorinha me reconheceu imediatamente e deteve os passos da companheira para me olhar de novo. Tiro o chapéu, sorrio e aperto a mão delicada que me oferece, enquanto confiro na memória seu nome e o lugar onde nos conhecemos, detalhe que deve ser omitido na ocasião. Procuro vestígios daquele corpo inesquecível, mas o bordado das roupas e um casaco leve sobre os ombros me recusam qualquer reconhecimento. E naquele instante me aparece na memória a Dorinha de trinta anos passados, no seu pequeno e elegante primeiro andar da rua Camerino, perfumado de alfazema, a mesa com um fino serviço de chá, guardanapos engomados e charutos. Ah, sim, o piano de cauda era excessivamente grande para a sala onde estava, e Dorinha não tocava bem nem era muito afinada quando cantava. Mas me lembrava claramente de duas coisas: seu riso fácil e seu corpo admirável. Não me esqueço também de sua frase, quando se despediu de mim ao mudar-se para longe do Rio de Janeiro, para fugir aos credores: "Minha vida me parece estranha, destituída de sentido. Tive muitos amores, homens bonitos e ricos, mas só gostei realmente de um, e ele tinha de ser um negro". Senti muito a falta dela, quando se distanciou, depois me acostumei.

Dorinha diz algumas palavras amáveis e lamenta que a cidade já não seja aquela em que nos conhecemos, e me estende um cartão com endereço. Continuava na profissão, naturalmente, e gostaria de tomar um chá comigo quando eu pudesse. Aí me apresenta sua acompanhante, uma mulher bem mais jovem e de olhos muito claros. Prometo a Dorinha que nos veremos em breve e continuo minha marcha na direção da minha rua predileta, a antiga Direita que jamais consegui chamar de Primeiro de Março. Não verei mais Dorinha, não porque ela tenha envelhecido ou eu seja um nonagenário, uma vez que nada disso me assusta. Penso que, ainda que tivesse trinta anos e meu coração fosse o que é hoje, não a procuraria. Só eu sei o quanto o prazer foi para mim um salva-vidas e quanto significou nos momentos em que oscilei entre o medo e o desejo, me mostrando e escondendo de mim mesmo, brincando com o tempo e representando papéis. Agora não a procuraria mais, porém não lhe diria isso jamais, mesmo porque não saberia como dizer e afinal nem mesmo por que dizê-lo.

À noite, já em casa, abro minhas caixas de anotações, documentos, velhas cartas e pequenos objetos. São lembranças, sim, mas não faço mais uso delas como antigamente. Uma coisa é lembrar, outra é precisar lembrar, quem puder que entenda. Entre as cartas, a do coronel Felipe Ambrósio, recebida há dois anos. Esse amigo sempre desabafou comigo suas mágoas com a mentalidade reinante nos quartéis brasileiros e nessa missiva ele menciona vários coronéis que conheceu de perto, inclusive o coronel Antônio Moreira César, que morreu esta semana nos combates de Canudos. Ambrósio ajudou-o a organizar um documento chamado *Nomenclatura explicada do manejo do fuzil e da clavina alemães de modelo 1888*, trabalho que durou alguns meses e revelou na época a meticulosidade quase maníaca do coronel agora falecido. Quando um regimento policial revoltou-se em Niterói, Moreira César foi chamado para debelar a revolta e restabelecer a ordem, o que ele fez com extrema crueldade, torturando e humilhando o quanto podia. "Era um especialista em punições drásticas", diz Felipe Ambrósio em sua carta, "alguém que desejava ser temido, mais do que ser estimado. Dizia mesmo que gostava de ser odiado mas respeitado." O perfil é tenebroso e confirma todos os meus temores sobre o futuro nas mãos dos militares republicanos que aí estão.

Tenho à mão páginas da *Folhinha Laemmert* dos últimos vinte anos e artigos de Sílvio Romero na *Revista Brasileira*, depois reunidos em livros. Ele conhecia a fama do Conselheiro desde os tempos em que era promotor da cidade de Estância, em Sergipe. Um livro do chefe de polícia da Bahia, Durval Vieira, falando no anacoreta e em suas passagens por Cumbe. Mais anotações e recortes sobre o confronto de Masseté, município de Tucano, no sertão, e trechos copiados do célebre relatório de frei João de Monte-Marciano ao arcebispo da Bahia. Finalmente um estudo sobre Canudos, comparado à Vandéia que se opôs à Revolução Francesa, da autoria do engenheiro militar Euclides Rodrigues Pimenta da Cunha. Numa folha separada anoto agora as caracte-

ENCONTROS NUMA CIDADE AMÁVEL   69

rísticas do homem que retomou o governo brasileiro (o presidente Prudente de Morais reassumiu o cargo dia 4 deste mês, um dia após a derrota da Terceira Expedição contra Canudos, depois de longos meses tratando da saúde). Dizem que retornou ao governo para evitar que os florianistas violentos tomassem as rédeas do país.

Reexamino um relatório das forças e dos poderes de Moreira César, anotado há uma semana: mil e duzentos combatentes em vários pelotões, uma companhia de artilharia com quatro canhões, uma companhia de cavalaria, engenheiros, médicos, enfermeiros. Consta que o coronel comandante não leu o relatório do comandante anterior, Febrônio de Brito, nem suas recomendações. Segundo depoimento de um soldado que acompanhava Moreira César, ele costumava dizer: "Tiro não vai me matar, faca não há de entrar em meu corpo", confiante na afirmação de uma adivinha. Felipe Ambrósio descreve Moreira César: "Pequenino, musculoso, positivo, confiante, ar atrevido, capaz de todas as ousadias, talhado para o risco, surdo a todo conselho de prudência, avesso à paciência, convicto da sua predestinação".

Ceia no Hotel Bragança, na rua da Quitanda, 81, a convite da Guarda dos Antigos Jornalistas do Rio de Janeiro. Na entrada do hotel leio a nota humorística afixada na porta: "À proximité des bains de mer e du Jardin Publique". Francisco Lourenço Mota, vice-presidente da associação, vem me receber na porta e vai comigo até a sala reservada, no fundo do restaurante. Lá me apresenta aos novos diretores do *Jornal do Commercio*, de quem não guardei os nomes, e o capitão José Benício, que viajará como correspondente do jornal até o sertão da Bahia. Falamos sobre os prejuízos causados à *Gazeta da Tarde* e a grande injustiça que foi sua invasão. Chegam depois Nicanor Nascimento de *O País* e Epaminondas Leontsinis de *A Província*, de Pernambuco, que está de passagem pelo Rio de Janeiro. O cardápio é invariável: "Potage – Tete de veau. Relevé – Poisson frit maitre d'hotel. – Epigrames d'agneau à la Macédonie. Fricassé de poulet à l'ancienne". Enquanto conversamos, dois telefones tocam incessantemente. São aparelhos comprados em

70 A GUERRA SANTA DO GATO

"O Grande Mágico", que os hotéis de Copacabana começaram a usar há cinco anos e hoje estão se espalhando também por toda cidade. Conversamos naturalmente sobre Canudos e o Conselheiro, pois é impossível falar em outro assunto no Rio de Janeiro. No final da ceia, o diplomata e poeta Carlos Magalhães de Azeredo chega para o café. Ele esteve há pouco em minha casa e agora nos cumprimentamos com certa efusão. Enquanto ele fala com outras pessoas, Lourenço Mota me diz em voz baixa que Azeredo está promovendo uma campanha de divulgação da nova Academia Brasileira de Letras, inaugurada recentemente. Sendo muito comunicativo, ele aparece nas mais diferentes reuniões e festas, para angariar apoios. Após falar com outros presentes, o jovem poeta vem até mim e faz um pequeno relato das atividades acadêmicas. A sede é, e eu sei porque já estive lá quando se discutia o estatuto da casa, no prédio da *Revista Brasileira*, na travessa do Ouvidor, 81, e seu diretor é José Veríssimo. A instalação solene vai ser em julho, com o discurso inaugural de Machado e de Joaquim Nabuco. Depois, Chico Lourenço Mota me traz mais um café, que para não ser desagradável apenas encosto nos lábios e logo deixo na mesa. Ele me conta que está morando na rua Ferreira Viana, na praia do Flamengo e finalmente me diz, maravilhado, que descobriu a grande arte do futuro, o "kinematógrafo", inaugurado no teatro Lucinda na rua Luís Gama (meu amigo de São Paulo, morto há quatro anos). Digo-lhe que na rua Lucinda só conheço o teatro Recreio, mas ainda vou ver esse "kinematógrafo" que é afinal nada mais que uma sucessão de fotografias que passam depressa e dão uma aparência de movimento à imagem. Mota me diz que "isso tem um futuro enorme", e eu concordo plenamente com ele.

Gosto de caminhar pela cidade, especialmente depois de um encontro em que muita gente fala e pouco se escuta. Penso como a convivência social com ingleses e americanos é mais autêntica e serena do que com franceses e principalmente com brasileiros. Não se trata da tolice muito comum de achar o nacional pouco civilizado, mas de certa ansiedade típica dos nossos concidadãos, apressados e quase sempre concentrados no que vão dizer em seguida, pelo que não ouvem jamais o que está sendo dito na ocasião. Mas nunca foi assim nos nossos encontros antigos no Valongo, em que trocamos opinião com seriedade e interesse verdadeiro. Imagino que o motivo disso seja a especial atenção que continuamente voltamos para o que acontece no cotidiano. Ora, esse cotidiano é considerado desprezível para a maioria das pessoas cultas e bem-educadas. Por que essa atenção ao microscópico dentro de nós não faz parte do nosso aprendizado na vida? Aquela visão transcendente do mundo que de certo tempo para cá chamamos de sufismo (antigamente não tinha nome, o que é muito sugestivo) é claramente voltada para essa atenção da própria minudência, da própria realidade experimentada momento a momento. Há trinta anos, um alquimista chinês me disse em Londres que a meditação transcendente dos muçulmanos era absolutamente a mesma da filosofia taoísta chinesa, o que aos meus olhos faz muito sentido. Assim, quando se pensa na inveja e no espírito de comparação que dominam a vida do homem comum, ou ordinário, partimos da observação dessa inveja e comparação em cada um de nós que fala e pensa nelas. No *Mantic uttair*, nosso eterno livro de cabeceira, os pássaros são levados a ver a própria motivação, antes de examinar a ação que decorre dela, muito antes de observar a ação alheia e de especular sobre ela.

Com freqüência asseveramos uns aos outros, após entender em que medida recomendamos isso a nós mesmos, que é possível estar atento aos mais leves movimentos da alma, chamada por muitos de mente, nos momentos mais banais e nos mais importantes. Mas julgo que é caminhando que melhor posso – se é possível dizer assim sem parecer pretensioso – meditar, sim, essa é a palavra. Nada sobrenatural ou associado a êxtases espetaculares, mas simplesmente atento à própria realidade no momento em que se está atento. A "recompensa" dessa coisa simples e extraordinária só não pode ser mais acentuada porque a mente humana é sagaz e infantil o bastante para fazer um contorcionismo qualquer que a situe como alguma coisa "interessante"

72 A GUERRA SANTA DO GATO

ou "brilhante", e uma vez adulada ela não mais está apta a exercer sua faculdade, digamos divina, de meditar e de olhar-se a si mesma.

Caminhando pela rua da Glória vou mergulhando nessas idéias, se elas são de fato idéias, querendo que ainda me reste muito chão para andar, a fim de poder pensar ainda mais a respeito desse assunto infinito. Deixei passar duas os três vitórias vazias, porque preferi caminhar, e agora já parece que estou perto demais de casa para usar um meio de transporte diferente desse que Deus me deu e está em minha parte inferior, ainda funcionando perfeitamente apesar das minhas muitas décadas de vida. Interrompo a marcha numa transversal da rua do Catete, próximo ao Hotel dos Estrangeiros, e fico olhando a vitrine de um restaurante, onde se movem lentamente, por trás de um grosso vidro, lagostas vermelhas e caranguejos cinzentos. *Pâté de Regnauld*, diz o letreiro na porta, *Chocolate de Marquis* e cerejas em aguardente. Penso no prazer de comer, de que ouço falar com tanta insistência, e na mesa elegante das pessoas que se consideram de bom gosto. Adelaide sonha com os sorvetes da Confeitaria Carceller, na rua do Ouvidor, e para dar a ela esse prazer às vezes vamos lá, nos fins de tarde. Não somente sorvetes mas também frutas secas e as ameixas secas medicinais, comidas com um prazer especial porque conciliam sabor e medicamento, o que é incomum e abranda a preocupação de comer demais. A prática do jejum e da abstinência encontrada em diferentes orientações religiosas tem aberto os olhos de alguns homens para as contradições contidas em comer bem, comer muito, sentir fome quando há medo no ar, ou perder o apetite quando há uma perda ou o ódio está presente. A mim ocorrem, enquanto caminho, a profundidade e a infinitude das pequenas coisas no dia-a-dia mais comum, ao alcance de minha mão e no entanto longe do meu conhecimento, porque foi assim que eu decidi viver cada momento, sem me dar conta disso, moldando minha própria vida.

Continuo a andar e vejo uma mangueira que conheço muito de vista, quando passo por ali de bonde, ou em alguma vitória

ENCONTROS NUMA CIDADE AMÁVEL 73

apressada. Ela inclina alguns dos seus grossos galhos quase até o chão. Não sei por que penso agora em Olufeme, minha primeira mulher, mãe dos dois filhos que tive e avó de Ibraim. Por que Olufeme agora? Sim, a mangueira, havia uma quase exatamente assim na casa onde a encontrei trabalhando, quando cheguei sozinho ao Rio e ela já estava aqui com os dois meninos, Fasaha e Tiago. Era na rua dos Arcos, mas havia a mangueira? Não, minha memória havia tomado um caminho errado. A casa onde Olufeme trabalhava como escrava, embora já estivesse alforriada, era próxima à rua das Mangueiras, quase esquina com a rua dos Arcos. Daí os descaminhos das minhas lembranças, levadas pela recordação caprichosa de palavras e de nomes, não de paisagens ou lugares.

6
Um artigo na *Folha*

maio

Acordo em meu escritório, onde havia adormecido enquanto esperava que me chamassem para o almoço. Ouço vozes além da gelosia da janela, de alguém conversando certamente no pequeno banco de pedra do jardim, junto da fonte. Reconheço as vozes de Ibraim e de Leonor, e acabo entendendo o que eles falam a meia voz, porque apesar da idade ainda tenho um ouvido muito apurado. A rua e o resto da casa estão mergulhados em silêncio absoluto. Ando até a estante para pegar o caderno onde tenho anotado alguns pensamentos e registrado encontros que me parecem significativos. Não me lembro se anotei as impressões sobre minha recente conversa com Azeredo, num restaurante da cidade, em torno dos trabalhos da nova academia e a propósito da atividade literária. Ouço a voz de Ibraim abafada pela distância: "O nome do livro é *Iluminações*, uma edição portuguesa que ele mandou encadernar em couro logo que comprou". Levo comigo até a poltrona o caderno, e pego na mesa o estojo com tinteiro e pena usado em viagem, prático sempre que quero escrever e estou longe da escrivaninha.

Já sentado, volto minha atenção para as vozes que vêm do jardim, e identifico a fala de Leonor: "Você já me disse o nome

76 A GUERRA SANTA DO GATO

do autor, mas me esqueci". Falam agora no marroquino Ibn Ibris, um querido irmão no qual infelizmente nunca pus os olhos porque ele morreu antes mesmo que eu tivesse nascido. Mas é de fato como se entre nós não tivesse existido esse desencontro de tempo e espaço – quase um século no tempo e o Saara imenso no espaço. Quero chamar Ibraim e sua amiga para conversarmos, mas me contenho em respeito à intimidade deles, porque de algum modo agora eu a estou violando, ao ouvir por acaso o que conversam, e sei que o tempo em que estão juntos é precioso para eles.

Penso em Ibris, para quem a ciência é um esforço consciente humano para descobrir a relação dos objetos no mundo. Vou escrevendo, enquanto ouço palavras soltas que vêm de fora. "Nesse empenho, quem dá a direção é a vontade do homem, guiada por seus temores e desejos", começo a anotar. A descoberta sistemática daquelas relações entre seres é severamente perturbada pelo impulso animal de se proteger física e mentalmente. Desse modo, a ciência é absolutamente falível e subjetiva. Continuo escrevendo, com o pensamento em Ibn Ibris. Para ele, as relações sociais e os chamados direitos civis e humanos não são mais do que os direitos de indivíduos limitados pelo medo e pelo desejo que eles não podem perceber porque afinal são esse medo e esse desejo.

O socialismo coletivista é tão falho e artificial quanto a acumulação de bens que rege a vida humana no mundo. A sabedoria transcendente que atravessa a História pisando muito de leve e passando despercebida do homem prático, diz que o antagonismo entre o liberalismo individual e o socialismo coletivista é mera aparência, miragem criada pela mente dualista dos indivíduos. Os místicos do Islã consideram o homem um mundo em si mesmo, um microcosmo. A originalidade da percepção humana, quando existe, não nasce da individualidade nem da coletividade, mas parece brotar do nada no coração do homem, e nunca é percebida pela mente, que quando a vislumbra logo a considera absurda. A percepção da impossibilidade absoluta de a mente compreender-se a si própria imobiliza-a de maneira absoluta. É nesse vazio que o Absoluto é infundido na alma humana. Reclinado na poltrona mais larga, escrevo devagar, a pena leve e quase solta entre os dedos. "Essa experiência de equilíbrio e vastidão, tão doce quanto profunda, é difícil de ser verbalizada, nem me parece que valha a pena qualquer esforço nesse sentido. Prefiro renunciar a escrever qualquer coisa a esse respeito, a transformar em palavras alguma coisa que em sua essência é tão harmoniosa e completa. Esses registros parecem tão irrelevantes quando se materializam que antes parecem uma traição à verdade que um testemunho. O resultado é tão rarefeito que uma vez completo mais se assemelha a uma miragem. A coisa é anterior à alternativa Dioniso e Apolo, aos argumentos filosóficos em torno do estático e do racional na cultura do Ocidente. Ibn Ibris acorda nossa atenção para o fato de que a Idade das Luzes foi uma era apolínia, enquanto o Romantismo marcou o movimento de um pêndulo na direção dionisíaca.

Em futuro próximo ressurgirá um momento de espiritualidade que o Oriente já possui em áreas circunscritas, despreocupadas com porcentagens e estatísticas. A exuberância e a vitalidade da cultura européia vão chegar, aos poucos, no seu ponto mais alto, e então declinará. E virá o momento em que o Ocidente dará um grande passo na direção da espiritualidade, que na verdade ignora tudo da cultura, das artes e do chamado progresso. Isso não se fará de modo superficial, como uma onda ou um modismo, somente entre pensadores e escritores, mas vai brotar no coração das multidões. Claro que a Europa não vai esquecer sua grande herança cultural, nem mergulhar em alguma forma de obscurantismo. Aqui sei que Ibris observa que a cisão entre Oriente e Ocidente é inteiramente artificial, servindo apenas a um pensamento dualista que nada faz sem alternativas e escolhas. Nenhum povo da Europa admirou mais a civilização islâmica do que o italiano. Nas Cruzadas, a Itália foi muitas vezes uma ponte de ligação entre a Europa e o Oriente. Assim, se as civilizações da Ásia se olham num espelho ocidental, foi o Islã que serviu inicialmente de espelho. Esse é um instante na obra do marroquino Ibn Ibris, que viveu no Marrocos no começo do século XIX e irradiou seu pensamento para o Sul, através do Saara até o reino de Songai, onde floresceu a cultura mais bela da África." Levanto a pena e descanso a cabeça numa almofada. Ainda ouço ao longe as vozes apaixonadas que me despertaram para esses pensamentos.

Os amigos da rua da Esperança, no Valongo, me dão conta de que o velho Sebastião Abdala está no Rio de Janeiro. Curei Sebastião de uma doença rara de pele com ervas que eu mesmo plantava nos fundos da Santa Casa, sem que o chefe da enfermaria ou meu amigo Horácio, o único médico negro ali, soubessem. Depois de quase meio século vivendo com os filhos e netos nas Minas Gerais, Abdala veio tratar-se no Rio. Vou visitá-lo num sobrado da praça Onze de Julho, antigo Rocio Pequeno, onde está vivendo com parentes. O velho e querido amigo tem menos seis anos do que eu na idade mas quando o vi me pareceu muito acabado. Sua sobrinha, uma negra belíssima, traz uma cadeira que coloca junto da cama onde Sebastião passa os dias. Há muitas décadas, esse homem veio da África como eu, embora tenha chegado bem depois de mim. Olha nos meus olhos com evidente satisfação e para mostrar que não perdeu nossas memórias comuns me lembra que lhe revelei um dia o significado do seu sobrenome árabe. "Mas naquele tempo eu não era 'devoto de Deus', como o nome indicava", fala sorrindo e apertando meus dedos. Enumera os remédios que está tomando, narra um acidente com enxada que sofreu nas Minas Gerais, lavrando a terra dos filhos, e finalmente fala na morte. Não a dele, talvez sua motivação, mas na morte em geral. "Você tem medo?", pergunta, piscando os olhos no rosto muito enrugado.

Hesito um momento: "Tenho medo de perder a serenidade com o sofrimento que às vezes antecede a morte". Ele não entende: "Seriedade?". Explico o que chamo de serenidade, paz interior, aceitação das coisas inevitáveis como finalmente boas. Depois de alguma demora seus olhos se iluminam. Mas ele está bem, digo, não tem com que se preocupar. Ficamos um tempo em silêncio, e quando começa a anoitecer eu me despeço, beijando a testa de Sebastião. No caminho para casa, subo ao convento de Santo Antônio para descansar um instante nos seus velhos bancos. Olhando de longe a clausura, penso em frei Fabiano de Cristo, que encontrou a verdadeira humildade deixando morrer no coração o horror que sentia pelas doenças misteriosas e repugnantes dos pobres que o procuravam no convento. Imagino o irmão Fabiano sentado naquele mesmo banco em que me sento agora, olhando as mesmas lindas imagens e os vãos de luz e sombra que se modificam a cada instante na velha igreja, hoje como num fim de tarde que se perdeu no tempo.

Leio *Cantos populares do Brasil*, de Sílvio Romero, em que ele fala do Conselheiro que conheceu pessoalmente há mais de vinte anos, na cidade de Estância, no interior de Sergipe, onde o autor era promotor público. Ele viu o andarilho vezes repetidas em Lagarto, cidade natal de Romero, e fala nos apelidos que lhe davam na época: Bom Jesus, Santo Antônio Aparecido e Antônio dos Mares. Durante muitos anos o taumaturgo sumiu e agora retornava nos sertões da Bahia, "à frente de um verdadeiro exército de crentes, a fazer depredações de todo gênero", diz o autor, sem se explicar. A mim parece que Romero não entendeu o Conselheiro, o que pode ser sinal de que não se entendeu também. Mas não devo afirmar nada sobre isso.

Li em outro lugar, mas não me lembro onde, que os negros são numerosos no Belo Monte porque após a Abolição muitos abandonaram as cidades do Nordeste brasileiro e tentaram recomeçar suas vidas onde não tivessem de se envergonhar da condição de antigos escravos. Esses negros desgarrados são conhecidos como "Treze de Maio", designação que os deprecia, e uma vez que são considerados preguiçosos e destituídos de valor moral segundo os fazendeiros que não querem empregá-los, dando preferência aos caboclos descendentes de índios, eles se entregam a um modo de vida que também os deprecia aos seus próprios olhos. *Nasceu periquito/Virou papagaio/Não quero negócio/Com Treze de Maio*, diz o verso popular muito repetido no Norte brasileiro. É quando a comicidade passa por carinho e camaradagem,

80   A GUERRA SANTA DO GATO

para disfarçar a arrogância e a pretendida superioridade do homem de origem européia. Um fim de tarde e um começo de noite na rua da Esperança, como nos velhos tempos. Soíca discorre sobre esses quarenta anos juntos, quase meio século de irmandade, gente que ficou todo esse tempo e gente que partiu para longe ou para sempre. Já Osvaldo começa a falar sobre as religiões em geral, para lembrar a necessidade humana de encontrar apoio em face do medo ao desconhecido, materializado na morte, na doença, na solidão e no sofrimento. A sacralidade desses espinhos, diz ele, que tanto incomodam mas eficazmente nos mantêm acordados, quando tudo nos leva a adormecer na rotina sonolenta da "vida equilibrada" – quem a quer, afinal? Todos nós, digo eu, todos nós apaixonadamente. A pergunta a ser feita talvez seja: "Quem não a quer, afinal?". Desejo me alongar sobre o tema do amor, que me arrebata quando me encontro mergulhado nesse convidativo tanque de água morna do bom acolhimento, mas que me deixa apático e apenas loquaz quando estou em meio hostil. Mas quando me dou conta já resvalei para essa questão da vida equilibrada, meio adormecida, do homem comum medianamente saciado. "Se cada um de nós percebe suas pequenas trapaças na convivência com os outros – e não vá a palavra um pouco forte desviar nossa atenção do seu sentido aqui – morre um bocado dentro dele o ator que está sempre separado do que faz e do mundo em que vive. Há uma duplicidade em nós mesmos que é difícil vislumbrar, mas é possível ver uma vez acabada a ação. Isso não é um jogo apenas inteligente, mas a revelação da realidade humana, a minha, a sua, a única que alguém pode viver a cada instante."

Amparo, a única mulher que agora temos no Valongo, faz menção de falar e eu me calo para escutá-la: "Essa atenção delicada que conseguimos às vezes voltar para nós mesmos produz um efeito raro nas horas ou nos dias que se seguem à experiência: é uma tranqüilidade madura que nos leva a ouvir o mundo, uma serenidade que pensamos ter perdido há muito tempo". Muitos concordam, com movimentos de cabeça, e Soíca diz:

"Essa experiência é bem forte, mas ela pode gerar um torpor de satisfação que nos faz dormir novamente, isto é, perder aquela atenção agílima que nos permite ver o caminho, como o vigia noturno que cochila mais no fim do seu turno, quando o mais difícil já passou e parece que é chegado o momento de colher as glórias. Afinal, é atrás disso que estamos, dessa idéia de missão cumprida no mundo". Falamos longamente sobre isso e o tema parece a todos inesgotável. "Há muito a perceber sobre a atenção e sobre a arte de perceber", vou pensando em voz alta, sabendo que esse é um exercício que encaminha a meditação. "À medida que agimos no mundo, vemos a causa e o efeito dessa mesma ação e entendemos que não é preciso nenhum esforço para ver, basta simplesmente olhar sem comentar, sem julgar, sem preferir, sem corrigir. Isso é contemplar, como já diz a palavra. Vamos olhar de novo." Aos poucos desce sobre nós uma serenidade que não foi produzida por nenhuma emoção, nem por nenhum medicamento. Com ela, uma lucidez que raramente está presente nesse estado de paz que tanta gente confunde com torpor ou deixa resvalar para a sonolência.

Leio até muito tarde o *Traité clinique de psychiatrie*, uma tradução francesa da obra do alemão Richard von Krafft-Ebing, em que ele estuda a "paranóia expansiva", a alienação caracterizada pelo interesse social, político ou religioso do paciente, citando fragmentos de autoria desses doentes como típicos da enfermidade. Comparo com os trechos de *Missão abreviada*, que tenho ao meu alcance, do padre Manoel Gonçalves Couto, um oratoriano de Goa, livro de cabeceira de Antônio Conselheiro, e vejo nele a mesma linguagem dos oradores sacros de todos os tempos, incluindo os de nossa fala, padres Antônio Vieira e Mont'alverne. A retórica religiosa tem uma forma de brilho particular que a ouvidos mais terrenos e pedestres parece insana. Adormeci com esses pensamentos, mas não me sentia tumultuado interiormente. Despertei no meio da noite com uma expressão nos lábios, *homo duplex*, repetida por quem? Alphonse Daudet, que num romance nos fala no eu dividido e na possibili-

82   A GUERRA SANTA DO GATO

dade da sua unificação de um modo que não demande esforço, mas pela simples adesão à pura realidade, isto é, pela descoberta das coisas como são, não como queremos que sejam. A idéia de adesão me parece conduzir à de ação terminada, após o que se fica disponível, nada mais restando ser feito. Completamente desperto, fico sentado algumas horas em total repouso. Acordado, vazio e silencioso.

O Rio de Janeiro tem hoje cerca de setecentos mil habitantes, e sua rua mais importante, a Ouvidor, é o começo e o fim de todos os negócios, de todos os encontros, de todas as conspirações, de todos os amores e de toda a literatura que se faz no país. Apesar das suas várias igrejas, tem pouco de religiosa. No final das tardes, a cidade encontra ali a cidade, e afinal tudo se sabe. Passo pelos jornais *Gazeta da Tarde* e *Liberdade*, e me lembro da violência contra as suas redações, assim como da morte brutal de Gentil de Castro numa tarde de loucura na cidade. Pensar que seus assassinos, militares exaltados, serão certamente absolvidos porque todos temos medo desses homens educados para matar e destruir qualquer oposição à sua vontade. A fermentação maior da crise foi a morte do imprudente e vaidoso coronel Moreira César num combate contra jagunços desprepados para a guerra, que têm como arma sua raiva e seu ceticismo em relação à gente da cidade. Os políticos e os jornais estão fomentando no país uma guerra artificial em que são previsíveis os resultados. A noite é silenciosa como sempre, mas meu espírito não está calado. Sonho uma vez mais com o deserto que conheci na infância, e em cujas margens eu brincava com meus irmãos. Vi no sonho com clareza de detalhes os torreões da mesquita mais antiga do mundo, em Tombuctu, que eu contemplava a distância, prometendo a mim mesmo ir um dia a Meca, Bagdá, Basra, Kuga, Khorasan e Balk.

No sonho, mercadores atravessam o deserto lentamente, e com eles vêm alguns ulamas montados nos camelos, de longos trajes brancos. Alguém me diz no sonho que vão a uma cidade distante ensinar a fé dos nossos antepassados. Vejo meu filho Fasaha vindo na minha direção, muito sério, e não me ocorre que ele morreu há alguns anos, no Rio Grande do Sul. Ele se parece com alguém que também amo, é Ibraim, mas eles são diferentes no temperamento e na disposição para gostar das pessoas. Sei que estou sonhando, no meu sonho, mas não me lembro de que na vida real Fasaha já morreu. Lembro então de repente que os haúças chamam os ulamas de *mallam*, uma referência à sua pele muito negra, com um brilho azulado na superfície, e dizem que essa cor é comum nos homens mais virtuosos. Na Tombuctu do meu sonho, avisto a mesquita que viu crescer o império de Songai, que nem mesmo os invasores inimigos se atreveram a profanar. No palácio de meu avô, em Timbo, vi a luz pela primeira vez, contava minha mãe, e eu sempre me perguntava como era ver a luz pela primeira vez. Ela também me narrava histórias religiosas, cujos pedaços tento resgatar agora, no meio da noite sem sono, os olhos secos olhando o teto. Revejo os rostos de Rabiá e de Hassan, dois místicos do começo do islamismo, que anunciavam caminhos diferentes para chegar a Deus. Ele ressaltava o valor da contemplação, ela defendia a precedência e a importância do amor divino. Rabiá Al-Adauiá repetia que as práticas ascéticas sem a "intimidade com o Amado" não levam a nada. E o Amado vive dentro do homem, de todos os homens, mas só é percebido pelo crente. Agora quero dizer: há muito tempo estou pensando, não mais estou sonhando.

Ibraim se lembra ainda de um artigo que assinei na *Folha Fluminense* há uns quatro anos, sobre a situação política brasileira. Afirma que foi o único texto meu, dos que chegou a ler, que lhe pareceu irônico e talvez até mal-humorado. Entre outras coisas, ele queria me devolver à memória os detalhes, já que não tinha arquivado o artigo, eu mostrava ali um desencanto absoluto com a vida pública no Brasil ou em qualquer parte do mundo, e fazia críticas ao tom artificial e pedante adotado nos jornais do Rio de Janeiro. O assunto era a Revolta da Armada chefiada pelo contra-almirante Custódio de Melo, que culminou com o bombardeio da cidade pelos navios amotinados. De repente me lembro de tudo com detalhes e Ibraim percebe isso no meu sorriso.

84   A GUERRA SANTA DO GATO

"Um monge do São Bento foi ferido com um estilhaço na mão quando colhia couve na horta do mosteiro, tendo perdido dois dedos, e isso me impressionou muito na ocasião", digo, vendo na memória o rosto de Dom Joaquim, que era então noviço. Contrariado com a mania de guerra dos militares em geral, preparei um artigo para a *Folha* mostrando o quixotismo da vida militar, ao qual faltam apenas a inocência e o romantismo do Quixote. Meninos envelhecidos brincando de batalha naval, não mais na calçada de casa mas na cidade habitada por pessoas que não participam da brincadeira a não ser como vítimas. "É isso mesmo!", exclama Ibraim, que vai tentar conseguir uma cópia do artigo na redação do jornal.

Penso na política nacional e na armadilha que está sendo preparada para uma multidão de homens pobres e rústicos do sertão, que não querem outra coisa na vida ou fora dela senão a felicidade e, se possível, a imortalidade em outro mundo. Os jornais criam o que se pode chamar de "opinião pública", mas cada um acrescenta alguma coisa ligada aos seus interesses e suas crenças na fabricação desse mito. Isso se deu na Revolta da Armada e está acontecendo no conflito com o Conselheiro. O fato de o governo agora ter perdido algumas refregas fez com que se usasse o nome da República para fortalecer uma reação. Diante da "ameaça monarquista" – essa montagem teatral, essa visão imaginada – organiza-se uma expedição que vai enfrentar os jagunços do Conselheiro, a *nemesis* necessária, causa de todos os fracassos da República e de todo descontentamento popular com ela. Ibraim e eu conversamos pela noite adentro, depois que Adelaide mandou servir o jantar na varanda e foi para o quarto de costura terminar o vestido de casamento de uma vizinha e amiga.

Discuto com Ibraim o que pode ser o novo artigo que vou escrever para a *Folha*, quatro anos depois daquele a que meu neto se referiu, sobre a Revolta da Armada. O problema me parece o mesmo e quero abordar de novo a fabricação de um clima propício a uma pesada intervenção militar do governo republicano. O atual presidente Prudente de Morais foi apontado candidato pelos cafeicultores paulistas, e o baiano Manuel Vitorino foi eleito seu vice-presidente. Por trás da questão do Conselheiro reside a rivalidade dos políticos dessa dupla que está no poder. Agora é dizer isso de um modo que não se aprofunde a crise e não desencadeie uma reação como a que se viu nessas últimas semanas, de depredação de jornais, ameaças e até a morte de um jornalista. A morte de Floriano há dois anos aumentou a separação entre os grupos representados pela presidência e a vice-presidência. Veja-se agora a pressa com que Prudente de Morais reassumiu seu cargo logo após a derrota da Terceira Expedição. Quando Prudente licenciou-se para tratar da saúde, e Manuel Vitorino assumiu a presidência interinamente, os chamados jacobinos começaram a revelar suas intenções.

"Mas como se dá, segundo acredita", pergunta Ibraim, com um jornal dobrado na mão, tentando encontrar o ponto principal do artigo, "essa manipulação política que todos sentem no ar e ninguém vê com clareza?" Ibraim não espera que eu responda e volta à carga com ar apressado: "O presidente é pressionado pelos fazendeiros, pelos governadores e pelo clero, e por sua vez também exerce pressão...". Aguardo que fale, mas ele se detém. "Acho que é assim a seqüência: o presidente da República quer provar sua liderança e ao mesmo tempo deseja desarmar a oposição mais radical no Rio e libera colossais recursos para a Quarta Expedição, a fim de prestigiar o Exército, que é seu verdadeiro inimigo. Quando o governador da Bahia e alguns grandes fazendeiros denunciam o perigo de um pregador louco como o Conselheiro, há um jogo de empurra que fará alguém desembolsar dinheiro, e aí vamos ver como ele será empregado. Em breve serão seis mil combatentes, e dinheiro não deve faltar dessa vez, para evitar a desmoralização do Exército. Meu Deus, quem quer ferir os militares neste país, a não ser os inimigos da pátria?" "Talvez a gente possa ir por esse caminho", comento, balançando de leve a cadeira enquanto observo Ibraim.

Esse artigo pode ajudar minha ida a Canudos, com as autoridades da próxima expedição, se houver uma próxima. Abro o *Jornal do Commercio* que pego na mesinha junto da janela e abro em certa página, passando-o a meu neto. "Guerra hoje é feita com trem, telégrafo e jornal", diz um título na primeira página do jornal. As guerras imaginárias para angariar fundos dispensam o trem e pedem uma central de boatos, em vez das páginas de um jornal. "É preciso mentir, mentir, mentir", digo, como se estivesse discursando. "Às vezes é preciso imaginar, imaginar, imaginar", digo, repetindo o tom. Ibraim recosta-se na poltrona para rir e deixa de lado o jornal. Passo a mão na cabeça de meu neto e vou para o quarto, onde Adelaide já está dormindo. Entro devagar sob as cobertas e fico compondo frases e me lembrando de argumentos, como antigamente. Na próxima meia hora ainda estarei sem sono. Vou escrever esse artigo no primeiro momento disponível do primeiro dia disponível, talvez amanhã mesmo, quem sabe?

7
Morre a alma para o mundo
ainda maio

Fiz um esboço do artigo e o deixei numa gaveta, para que amadurecesse devidamente, até que pudesse dar-lhe uma feição definitiva. Na terça-feira seguinte estive no Valongo e a conversa se prolongou até muito tarde. Estavam lá apenas Soíca, Osvaldo, Parmênidas e Amparo. Única mulher do grupo no momento, ela se juntou a nós há uns quatro anos. Fala pouco nas reuniões mas seus comentários são consistentes e oportunos. Passamos de um tema a outro e caímos na questão eterna e sempre nova do falar e do ouvir. Em meio a um milhão de vozes, dizia Soíca, raramente emerge uma diferente, mas quando ela surge alguns a identificam logo como especial. Para a maioria, aquela é uma voz como todas as outras, e só para aqueles poucos ela se distingue das demais, embora não se saiba dizer com precisão o que a torna assim tão marcante. Foi quando Amparo nos disse alguma coisa a esse respeito que imediatamente me mostrou que ali estava um bom exemplo do que havíamos falado.

Era evidente que Maria do Amparo Moura, uma mulher de quarenta anos, solteira, enfermeira de profissão, um bronzeado de cabocla na pele e trajada com muita sobriedade, não tinha a menor consciência de que afinal estava vivendo naquele instante aquilo de que estivemos falando um pouco antes. Referiu-se a

Rabiá Al-Adauiá como a pessoa que fez seu próprio caminho sem precisar de um mestre, nas origens do Islã. Ela sabia com clareza meridiana que aquele que ouve é o personagem central na verdadeira e grande comunicação – que exclui certamente a eterna banalidade que tenta o homem desde que o mundo é mundo. Quanto àquele que fala – muitas vezes o mulá, o guia, o xeque –, ele tem importância semelhante à das flores que desabrocham à beira da estrada e podem ser vistas ou não por quem passa por perto. São os olhos e os sentidos do viajante que importam na descoberta da beleza contida nas pequenas flores que ninguém mais nota por falta de olhos sensíveis.

"No mundo chamado religioso predomina a crença de que o mestre, o guia, o pastor são a peça fundamental no xadrez do mundo", vai dizendo Amparo, na sua cadeira um pouco afastada da mesa. O som de uma voz feminina entre as paredes da nossa casa do Valongo é um carinho delicado para os ouvidos. "O rei nessa partida que se repete infinitamente é quem se abre para o que está sendo comunicado – quando alguma coisa está sendo comunicada, naturalmente. Quem fala às vezes é o veículo momentâneo – inspirado, talvez, mas ocasional – que deixa no ar alguma coisa preciosa, mas é o ouvinte, quando é de boa qualidade, que está no centro do jogo. Essa partida é jogada tendo em vista o peão, o homem comum ainda não deformado pelo costume, pela repetição, pelo medo de perder-se. É o homem comum o chamado, embora nem sempre seja afinal o escolhido."

Ficamos em silêncio algum tempo, naquela antiga tradição do Valongo de não atalhar imediatamente com alguma idéia ou algum comentário, em geral evidência de que enquanto se ouvia alguma outra coisa estava sendo elaborada para se apresentar na mesa, como um trunfo ou uma carta de valor.

Pensava no *homo duplex* com que havia sonhado há dias, que depois identifiquei com um romance que lera no passado, de Alphonse Daudet, sobre o eu dividido, ou o comportamento dúplice numa sociedade convencional, exigente e no fundo contraditória como esta em que vivemos. A beleza da sexualidade é disfarçada até o ponto de ser ignorada, restando apenas o impe-

MORRE A ALMA PARA O MUNDO   89

rativo biológico do desejo sexual, que no fundo não se altera com as restrições morais e religiosas. Quanto ao desejo, o homem é aos poucos puxado para baixo até impulsos mais egoístas, e sua expressão nesse campo torna-se cínica e dúplice. Nem vale muita filosofia o assunto; Basta olhar em volta, para uma sociedade como a do Rio de Janeiro neste fim de século, para ver em toda parte a hipocrisia e a negação do amor. O amor fundamental e milenar resiste às pressões e às convenções, até mesmo ao casamento, à noção fantasiosa de monogamia e fidelidade que é um freio para a mulher e na prática uma liberação para o homem. Um homem atormentado pelo desejo, como o personagem Dom Juan, é tão iludido e está tão perdido no seu purgatório privado quanto um homem obcecado pela castidade, como o jovem príncipe Dom Sebastião. O amor físico e o amor transcendental são inseparáveis, quando o amoroso e a amorosa estão livres das crendices, das superstições, das obsessões culposas e do medo com que o mundo nos oprime desde a infância.

Lembrava do *homo duplex* também a propósito do eu dividido e da possibilidade de sua unificação natural, não por nenhum exercício espiritual ou habilidade mental, mas pela visualização da sua própria falsidade e inconsistência. A relação disso com o que se falava antes ligava-se à nossa dificuldade de ouvir e à nossa eterna crença vaidosa de que temos sempre alguma coisa a dizer. A preocupação com a forma do que está sendo dito pode interferir na essência do que se diz, e deturpá-la. Por vaidade ou timidez, muitas vezes pelo temor de ser julgado, aquele que fala sente-se obrigado a esmerar na forma e a concluir sua fala com um mínimo de coerência e brilho. Esse esforço, essa preferência pelo formal ou pelo "bom senso" podem ser fatais e destrutivos na recepção e na comunicação do que é transcendente. Embora tenha sido em geral irrelevante na vida de milhares de pastores, a preocupação com os ornamentos que envolvem o tema – esse sim, sagrado – sufocam a "semente", como o terreno pedregoso e árido impede a germinação. Pode ter sido o caso de oradores sacros soberbos, como os de língua portuguesa Vieira e

90 A GUERRA SANTA DO GATO

Mont'alverne, e de Bossuet e Fénelon na França, mas não é fácil julgar com justiça esses homens.

Ao sair do Valongo, acompanhei Amparo até o chafariz da Carioca, e no caminho ela me contou que tem uma chácara em Vassouras, perto da chácara da Hera, onde costuma se recolher nos períodos de descanso de sua atividade de enfermeira em dois hospitais da cidade. O melhor transporte para lá é feito em diligências de dez lugares ou em *break-courses* de cinco passageiros, numa viagem com duração de dez horas. Combinamos que eu iria na próxima semana e nos despedimos. Nos dias que se seguiram terminei o artigo, mas deixei para entregá-lo na *Folha Fluminense* na minha volta do passeio a Vassouras. Não fui mais ao centro do Rio naqueles dias, aproveitando para organizar meus diários que pretendo deixar um dia com Ibraim, que pode encontrar neles alguma coisa que o interesse. Revi minhas notas sobre a "paranóia expansiva" mencionada por Krafft-Ebing no seu *Traité clinique* e concluí que esse diagnóstico não se enquadra nem sequer se compara com o texto do Conselheiro que tenho em mãos, da sua *Epístola* que chegou até mim recentemente, e o que ele considera seu breviário, o *Missão abreviada*, uma compilação de obras de devoção que toma como fundamentais.

Após uma viagem admirável pela beleza da paisagem e pela observação da gente plácida que viajou comigo, cheguei a Vassouras num dia ensolarado. A diligência é difícil de agüentar somente nas últimas três horas do percurso, e nas muitas paradas os passageiros sentem o corpo moído. Mas os encantos da cidade de Vassouras fazem esquecer qualquer desconforto. Jardins e janelas floridos iam se desdobrando conforme olhasse em uma ou outra direção. Casas harmoniosas, todas um tanto parecidas, mas não vacilei quando vi a que pareceu mais atraente. Era ali a chácara de Amparo, e eu descobri talvez pela disposição dos canteiros, pela caixa do Correio, pelas cortinas nas janelas, não sei. Dentro, era a casa de uma pessoa sozinha, limpa e ordenada mas sem obsessão. "Bem-vindo", ela veio ao meu encontro na porta e me abraçou. Vejo numa pequena estante o *Iluminações*, de Ibn Ibris, e uma coleção encadernada do jornalzinho do Valongo.

Tomamos leite e chá, comemos algumas frutas e nos recostamos em cadeiras de vime para conversar. Lá fora há sol, abelhas, crianças brincando longe, cavalos pastando num terreno vizinho. Pela janela entra o som de um piano que alguém estuda, vacilante. Além da porta entreaberta de um armário vejo um violino e seu arco repousando. Pergunto o que tem tocado ultimamente e digo que depois gostaria de ouvir um pouco de música. Ela está estudando o prelúdio da ópera *Guntram*, de Richard Strauss, para uma audição de que vai participar na cidade.

Sempre senti, nas reuniões do Valongo, que de algum modo Maria do Amparo se inclinava por mim. Seus olhos se demoravam muito nos meus, ainda quando estávamos em silêncio, escutando as palavras de alguém. Percebi desde muito cedo sua sensibilidade e seu faro para o que tinha de fato importância, entre a nuvem dos comentários menos relevantes que povoam nosso cotidiano. Ela agora me faz perguntas sobre minha infância na África, e enquanto procuro lembrar alguns nomes seus olhos brilham e se movem como se quisessem me ajudar nessa busca do passado. Falo do Mali antes de mim e aquele outro mais colorido e mais nítido, da minha infância. Nasci em Timbo mas estudei em Tombuctu. Naveguei, pesquei e quase me afoguei no rio Níger. Desde menino ouvi contar das caravanas que desceram do Marrocos e de Túnis, trazendo roupas e jóias, mas principalmente trazendo religião, filosofia e conhecimentos. Ainda jovem me aprofundei no Saara, indo até Taghaza e Tadmeka, na área dos tuaregues, que eu respeitava e temia. Morei um tempo em Tadmeka e Gao, na fronteira do desconhecido, tendo ao norte o deserto quase infinito e a leste a floresta assustadora. Uma vez viajei cinco dias em camelo até Azelik, num sertão selvagem onde vi animais que nunca sonhei pudessem existir. Era comum ouvir dizer naquele tempo que trocávamos nosso ouro por sal, e nessa troca nós éramos roubados.

Amparo queria saber que idade eu tinha quando me deitei pela primeira vez com uma mulher. Tinha treze anos e já possuía a estatura que tenho hoje – assim como as marcas no rosto, concluí, e nós dois rimos. Falávamos e eu via sua pele jovem,

92   A GUERRA SANTA DO GATO

seu pescoço longo, e adivinhava suas pernas fortes sob o vestido longo. Ficamos em silêncio e isso não nos constrangeu em nada. Não sei por que duas pessoas que se desejam têm de falar o tempo todo, como é comum por onde viajei, até que não consigam mais beijar e falar ao mesmo tempo, e somente aí se calam. Lembrei uma frase de Goethe: *É como se a alma penetrasse em todos os meus nervos*, mas era mais que isso o que eu sentia. Nossa respiração estava serena, e no entanto ela me chamava para ela, e eu a chamava para mim com todo nosso corpo. Amparo se levantou para puxar a cortina e escurecer um pouco a sala, e quando voltou para mim parte da sua roupa ficou no tapete. Éramos olhos nos olhos, mas todo o resto daquele corpo eu podia ver de algum modo, talvez com os poros, quem sabe?

Maria do Amparo sabia *aquele* segredo do amor, aquela arte de não se apressar, como uma cerimônia ritual que o espírito comanda, impedindo que o animal controle o processo, até o momento em que ele também deve avançar e assumir seu papel, no reconhecimento de que o humano é *corpus et anima*. Mas que isso não se faça antes do momento, por imposição do animal que obedece a um estímulo e cessa também quando o estímulo acaba. Esse "humano sem Deus" é a regra do amor entre os que nada sabem de si mesmos, entre os que vegetam e imaginam que vivem. É a diferença que há entre o viver às cegas, entregue à química do próprio corpo que abrange a química do cérebro também, e a consciência das causas e dos efeitos que regem a natureza, e que quanto mais profunda seja mais torna o homem um semideus. E naquele ponto em que a vida parece suspensa por um fio, em que uma leve brisa pode fazer essa parte do universo que é o corpo explodir, temos a visão perfeita do nosso domínio da vontade – e amamos essa humanidade com percebimento, que afinal nos dá alma e põe acima de todos os outros animais. Aí começamos a ser criadores, além de apenas criaturas.

Esse abraço amoroso pode recomeçar a qualquer tempo e durar dias inteiros, mas será que se trata de fato de "durar"? Logo depois ela está sentada na poltrona, e eu alonguei meu corpo até o tapete, minha cabeça descansando em suas pernas.

MORRE A ALMA PARA O MUNDO 93

Nosso silêncio é confortável, dissemos tudo nos abraços e agora estamos somente olhando um ao outro, dizendo ainda com o corpo o que queremos dizer. O tempo acabou para nós não sei por quanto tempo. A delícia branda de ficar assim, de brincar com os pés e com o cabelo dela, de ver a nossa roupa dobrada em diferentes lugares, sem sinal da pressa comum nesses momentos quando o desejo de nos desvencilhar das roupas e das jóias é também muito a vontade de nos descartar do que somos e temos no coração. A tarde foi contida numa cápsula, se preservou do tempo e abstraiu do espaço. Sem vontade de voltar ao palco onde se encena a vida, mas sem nenhuma resistência a viver a vida de sempre – sem vontade mas também sem pressa ou medo –, ficamos no jardim do éden por tempo ilimitado, pelo menos não limitado pelo relógio ou pela memória. Quando Maria do Amparo me acompanhou à estação das diligências, sob as estrelas piscando no alto negro do céu, falamos com humor na nossa diferença de idades, cerca de meio século. Eu a deixei ali como a encontrei na chegada, feliz e silenciosa. Na diligência de volta, quase vazia, imaginei Ibraim, que não vai saber desse encontro porque ele não me pertence, pedindo a mim um conselho para chegar também aos noventa anos hígido e flexível. Não lhe daria um conselho, mas faria um comentário: não existe limite de idade para o amor, desde que seja amor por inteiro, e não se deixe tudo por conta do animal que há em nós.

Dias depois recebo a visita dos irmãos Albuquerque, Henrique e Pedro, que têm uma casa bancária na rua Uruguaiana. São meus velhos conhecidos, desde que lhes emprestei dinheiro há cerca de quinze anos. Na época vendi metade dos diamantes que trouxera das Minas Gerais quando cheguei ao Rio de Janeiro, e que conservei muito bem guardados em casa, num lugar que prefiro não dizer por questão de segurança, uma vez que ainda tenho alguns lá. Somente Adelaide e Ibraim conhecem a localização do que restou do que um dia chamei, para fazer graça comigo mesmo e com meus filhos já falecidos Fasaha e Tiago, de "Fazendinha". Pois emprestei dinheiro para salvar uma casa bancária no Rio de Janeiro, isso por volta de 1880, e cobrei juros tão

94   A GUERRA SANTA DO GATO

módicos aos irmãos Albuquerque que eles ficaram gratos até hoje. Apesar disso, essa visita em pleno dia me deixa curioso sobre seu motivo. Eles têm um "bom negócio" para me propor, exatamente porque me são agradecidos. Vão aumentar o capital do banco e transformá-lo numa potência, segundo dizem, e esse é o momento de investir certo. Desconverso, digo que é melhor deixar para mais tarde, confesso que já não tenho dinheiro como antes e agradeço muito a lembrança. Quando os deixo no portão e volto para o meu escritório, digo a mim mesmo a verdade: não tenho o menor interesse por negócios, por lucros legítimos, por sagacidades desse tipo.

Vou até a estante, pego uma das edições encadernadas de um livro que conheci em grande parte de cor, e hoje ainda gosto de ler a esmo e ao acaso, como quem consulta um oráculo. É *A linguagem dos pássaros*, de Farid ud-Din Attar, o "Perfumista". E vou direto à parábola do xeque de Basra e de Rabiá – a santinha muçulmana que está dando voltas na minha memória há vários dias. "Hassan, xeque de Basra, foi um dia até Rabiá e pediu-lhe um ensinamento fundamental que tivesse nascido nela pelo Espírito, e não ouvido de alguém. 'Ó grande xeque! Simplesmente trancei alguns pedaços de corda e os levei ao mercado, onde consegui vendê-los. Fiquei contente com a venda porque ganhei duas moedas de prata. Mas guardei as moedas uma em cada mão, pois do contrário não poderia dormir, temendo o efeito do seu tilintar no ouvido dos ladrões. O homem do mundo guarda seu espírito e seu coração no sangue. Coloca mil armadilhas para conseguir juntar em segurança um grão de ouro. Assim que o obtém, ele morre e boa noite! Antes que seu corpo esfrie, o ávido herdeiro já reclamou sua posse, seu direito legal ao tormento e à miséria.' A busca da verdade em ti não resiste ao amor pelo ouro. Se puseres o pé timidamente nesse caminho, serás colhido à força e desviado para sempre daquela procura." Vou até a janela e vejo que começou a chover. Imagino os irmãos Albuquerque correndo da chuva na calçada de sua casa bancária, infelizes sem seus guarda-chuvas mas sonhando com a prosperidade do seu negócio.

MORRE A ALMA PARA O MUNDO   95

Tenho sempre na mesa do quarto uma encadernação em couro das cartas do xeque Mulai Darcauí, que a Livraria Lisboa da rua do Ouvidor encomendou a meu pedido na França, há alguns anos. Penso que deixei o volume aberto numa página qualquer da última vez que o consultei, e somente agora que vejo o volume que parece aberto ao acaso me recordo de estar correndo para sair quando isso aconteceu. Costumo tratar com delicadeza e quase carinho alguns livros que me agradam mais do que outros. Não toquei nele agora, apenas coloquei os óculos que estou usando para ler e me abaixei próximo à página. Apenas duas linhas: *O paraíso da gnose é vedado àqueles cuja alma não morreu para o mundo, para a vontade de agir nele, e para os sonhos de escolher, possuir e usufruir do mundo.* Sim, é verdade. Darcauí está falando comigo neste momento, e não é de hoje que ele se dirige àqueles como eu que se recusam a morrer a grande morte (a da alma), embora não tenham tanto medo de morrer a pequena morte, que é a do corpo, mesmo porque tenho idade bastante para isso. Mas se é o tempo que se encarregará de matá-lo, quem tem de matar sua alma é você próprio. E mais: *Consociar-se com pessoas mundanas é perigoso, na medida em que com isso você nunca provará do perfume do Espírito,* diz ainda Darcauí, como uma fonte que não cessa de derramar sua água puríssima.

Minha vida está toda voltada para esse trabalho, e somente o amor e a ternura me mantêm com os pés aqui. Já era para ter partido há algum tempo, mas ainda uns laços me prendem à graça natural dos seres humanos, à paisagem que me deslumbra quando eu devia estar olhando o caminho ou cuidando de sobreviver. Não somente aceito o que me é dado, como acho que recebo mais do que posso apreciar e do que consigo agradecer. A existência dedicada ao Absoluto é arte sagrada, sem a qual viver é uma traição a si mesmo. A relação com o Inefável é apaixonante, embora seja a maior parte das vezes inexplicável. Apesar disso, a vida simples e natural é que tem razão de ser. Um homem deve viver sozinho quando se volta para esse trabalho. Mas se estiver acompanhado quando for chamado para essa tarefa, deve fazer dessa vida a dois, a três ou a mais seu manto e seu caminho. O melhor modo de vencer a dor é abraçar-se a ela. Vai chegar o dia em que todo homem será como um monge, um peregrino ou um andarilho, esteja ele sozinho ou não, porque esse é o estado perfeito do indivíduo humano.

Há umas anotações que quero deixar nestas memórias, antes de começar o que pode ser o último ato de uma longa peça que misturou em quantidades iguais drama e comédia. Não sei se é hora de um balanço dessa soma toda, nem sei se é na realidade o que pretendo fazer, mas como as coisas que desejo dizer vão me ocorrendo à medida que chegam até mim, não tenho obrigação de ter um método ou de seguir um sistema de idéias. Aprendi com alguma tardança e a duras penas que aquilo que parece indisciplina e caos não são às vezes mais do que sinais de paciência e fé. Ao contrário do que em geral acreditamos, a vida chega até nós quando estamos vazios. Nenhum aprendizado fundamental no mundo é conquistado pelo desejo de conquistá-lo, por algum tipo de esforço ou determinação. Esforço e determinação produzem resultados, sem dúvida, mas esses são apenas os resultados em que acreditamos, aqueles que nossas miragens acabaram materializando, o que pensamos que nos fará felizes.

Muito depressa mudamos esses objetivos que se conseguem com esforço e decisão, ou pela acumulação de bens materiais. As metas que pomos à nossa frente são meras opiniões que construímos pelo medo do sofrimento, da rejeição pelos outros, do abandono, da velhice, das doenças e finalmente o mais importante – da morte. O que nos assusta na morte não é a coisa em si que se esconde atrás desse nome, mas sim a idéia que fazemos da coisa chamada morte. Porque ninguém morreu e voltou da morte para nos dizer do que se trata, criamos idéias a seu respeito. Ou aos poucos nos anestesiamos com crenças sobre a "outra vida", ou fantasias desse gênero. Assim, nós nos acostumamos a controlar nossos pensamentos, a organizá-los como se fossem um romance que nós escrevemos e que emendamos à vontade, antes do ponto final. Com o tempo e as experiências que pensamos constituir nossa vida, escrevemos mentalmente uma história de nós mesmos, e finalmente pautamos nossos atos e nossas idéias em consonância com essa história.

Se me pedissem que deixasse anotado nestas memórias que nem sei por que escrevo, mas espero continuar fazendo até o momento da morte (este longo texto não é o romance a que me referi acima, mas apenas memórias, feitas à maneira de meditações sobre o mundo, e sem nenhuma pretensão de infalibilidade), o que me parece essencial na vida de um homem adulto, responderia que primeiro de tudo tenho apreço pela verdade, seguido de interesse pela realidade e afinal alguma percepção da cadeia de causa e efeito que gera a vida neste mundo e provavelmente em todo o universo. Digo "alguma" porque se não há nenhuma noção disso, é quase impossível mover-se no pântano de sofrimento e na miragem do purgatório geral em que vive, para dizer moderadamente, uma imensa parcela da humanidade.

Com base nesses mínimos requisitos (e nenhuma porta foi fechada, tanto que usei a expressão "é quase impossível" três linhas acima), todo homem ou toda mulher pode ver que imediatamente após qualquer ação sua – vamos compreender como ação uma palavra, um ato ou um pensamento – ela pode ser vista num relance com espantosa nitidez, como um relâmpago revela um buraco a um viajante numa noite escura. Atenção agora: o que esse homem ou essa mulher faz dessa visão clara e pura, usando palavra, pensamento ou ato, pode alterar sua pureza e claridade, aí nada será aprendido na observação. Isso parece complexo, mas basta começar e tudo se fará por si mesmo. Nenhum esforço é necessário, todo esforço é ofuscante, conforme dissemos no começo desta pequena meditação sobre a realidade. Então, voltando ao relâmpago e à coisa extraordinária que ele ilumina, esse é o único modo de perceber o que é real no mundo. A erudição pode ser uma bela coisa, mas ela não pode ajudar nada nesse caminho que relacionamos com o essencial. Melhor que a erudição e a cultura, é a sabedoria. E que ninguém se arrogue sapiência permanente porque estará falseando a realidade e querendo colher louros para ornamentar suas próprias ilusões.

Esse olhar para dentro de si não pode nem deve se tornar um hábito, como alguém que coleciona borboletas ou adquire um notável conhecimento sobre alguma especialidade juntando peça por peça. Não, esse olhar não pode ser acumulado de modo que forme um tesouro moral, ou qualquer outro jogo habilidoso que em geral tem por trás a esperança do engrandecimento de si mesmo. Voltamos a repetir de outro modo o que já dissemos sobre o que diríamos se alguém nos perguntasse o que nos parece essencial na vida – segundo a lenda generalizada de que um homem de noventa anos tem mais a dizer sobre o mundo do que um jovem de dezoito anos, se ambos são meros repetidores do que ouviram dos demais. Diremos aquilo novamente do seguinte modo: imediatamente após qualquer pensamento, ato ou palavra, o comum dos homens pode ver com notável nitidez e clareza o que pensou, como agiu ou o que falou segundos antes. Se resistir à tentação de criar um personagem de si mesmo, de se justificar ou dar um nome ao que acabou de ver nitidamente, notará então que a "realidade das coisas como são" virá ao seu encontro. Se pensar em prever o que vai resultar disso, olhe novamente esse impulso para prever o que vai resultar disso, e assim sucessivamente. Sem se conduzir até lá, mas passivamente, deixando-se tomar pela verdade. Seja feliz nesse caminho. Amém.

8
Guerra no mundo e no coração
junho

Na redação da *Folha Fluminense*, onde não havia voltado desde que entreguei meu último artigo há quase quatro anos, o ambiente geral é de desânimo. A rua Gonçalves Dias nesse trecho está sitiada por andaimes de obras no subsolo, e para chegar ao jornal é preciso caminhar num labirinto de estacas e muretas de madeira. Ao final de tantas esquinas e obstáculos encontro não o Minotauro mas o Rubicundo Apolo, apelido pelo qual chamávamos antigamente Décio Vieira, ainda hoje diretor do pequeno jornal. Conversamos tomando café, e ele me dá notícias não oficiais mas detalhadas da frente de batalha no sertão. Já no final de abril passado estava arranchada na localidade baiana de Queimadas a maior parte dos batalhões daquela que o povo no Rio de Janeiro chamava de Quarta Expedição. Uma nova técnica de guerra estava sendo montada para destruir o perigoso Conselheiro e seus jagunços. O Apolo me explica que desde a guerra civil norte-americana a opinião pública era não apenas informada pela imprensa – que contava com o apoio do telégrafo, como os militares contavam agora com a estrada de ferro para levar suas tropas – mas tinha sua opinião formada por ela.

100 A GUERRA SANTA DO GATO

"Formada será o mesmo que moldada?", pergunto. Apolo sorri, lembrando a velha ironia e o espírito de contestação que imperava nas nossas conversas noite adentro no Carceler. "A imprensa é cada vez mais temida e respeitada pelos governos, aqui e no estrangeiro", diz ele, contando que muitos jornalistas são ameaçados e outros são comprados. Também alguns jornais são preventivamente comprados pelos poderosos – os grandes fazendeiros do interior, os políticos que enriquecem no poder e certos grupos religiosos ou filosóficos. Mas a *Folha Fluminense* continua independente como sempre foi, conclui o Apolo, embora também pobre como sempre foi. Pergunto se ele se interessaria por alguns artigos sobre Canudos, mandados da Bahia por mim, e Apolo arregala os olhos. "Claro que sim, principalmente porque feito por você que eu sei como pensa. Mas... não posso pagar. Pelo menos por enquanto", diz, olhando para mim de lado. Digo que não se preocupe com isso e prometo mandar um primeiro artigo na próxima semana. O Apolo vai comigo até a porta, depois de mais um café. "Você tem um telefone?", ele pergunta. Respondo que não e ele sorri novamente, confessando que também não possui um. "Por enquanto somente os hotéis e a gente de muita nota têm esses aparelhos", diz já acenando, enquanto desço a escada e volto ao labirinto da Gonçalves Dias.

Passo pela portaria do *Jornal do Brasil* e leio as páginas que estão estampadas ali, cercado de outros leitores. Destaque que me interessa: "A movimentação das tropas seguirá o plano de ataque preparado pelo general Artur Oscar. Duas colunas vão atacar de pontos diferentes o arraial dos monarquistas em Canudos, para dividir as forças do Conselheiro". Caminho rapidamente, como sempre na direção do Paço, eu mesmo nunca sei por quê. Já foi decidido que o Conselheiro é um chefe inimigo, os jagunços são um povo estrangeiro que hostiliza o Brasil e o governo de Prudente de Morais vai salvar o país desses loucos e criminosos. Agora é só repetir todos os dias a mesma coisa, variando um pouco o estilo e os adjetivos para não cansar o leitor. Antes de chegar ao antigo Paço olho duas vezes para trás, para afastar a impressão de que estou sendo seguido. Não sou impres-

GUERRA NO MUNDO E NO CORAÇÃO 101

sionável, nem dado a temores fáceis, mas há dias me parece que os mesmos indivíduos, dois ou tres deles, com as mesmas características, estão em todos os lugares da cidade onde vou. Rio interiormente, brincando com a idéia de que estou sendo vítima da mania de perseguição de alguns loucos. Atravesso a varanda do Hotel de France e entro no restaurante, sem parar um minuto para ver a fileira de vitórias e carruagens junto ao meio-fio, como sempre faço. Sinto que a tragédia é inevitável, embora no momento isso ainda não esteja visível para a maioria das pessoas envolvidas nela. Pode ser amanhã, dentro de alguns dias ou até de uns meses, a morte virá depressa para gente que agora está cheia de vitalidade, certa de que está cumprindo um dever.

Peço pena e papel ao garçom e começo a fazer pequenos riscos na margem, que depois cruzo com traços em outra direção. É sempre assim que elaboro as primeiras frases. Mas está difícil de começar, talvez porque esteja indignado demais, ou sinta o horror muito próximo, como me aconteceu antes na barranca do rio Paraná, na Guerra do Paraguai, no cemitério Père Lachaise em Paris, ou ainda nos dias que se seguiram à Revolta da Armada, há quatro anos. Lembro o início do outro artigo e procuro me distanciar das mesmas frases, sabendo que não escapo das mesmas idéias, o que afinal é inevitável senão nem teria o que dizer. Os republicanos precisam de um inimigo, uma *nemesis*, porque sem ela sua existência não se justifica, assim como os gregos precisaram dos persas e atenienses e espartanos necessitaram uns dos outros. Somente para explicar sua existência e dar um sentido à luta que todos julgam essencial. Mas não posso me perder aqui, preciso de mais vinho e de mais tinta.

Ouço no quarto uma voz que chega do portão, além do jardim. É uma voz de mulher, que não identifico logo mas me parece agradável. "Uma carta para ele, desculpe entregar fechada mas me pediram para deixar com a senhora se não pudesse chegar até o senhor Miller." Quando afinal me vesti e cheguei à sala, a mulher já havia saído. Era uma longa carta do Rubicundo Apolo, com quem havia conversado pela manhã na redação da sua *Folha Fluminense*. Nela ele faz um histórico do problema de Ca-

102 A GUERRA SANTA DO GATO

nudos, transformado aos poucos em questão nacional. Imagina que não conheço todos os detalhes do caso e me fornece dados para o artigo. O plano de combate não fora noticiado pelos jornais porque hoje se faz segredo de tudo no Brasil, ao contrário do que era comum ao tempo do Império. A palavra de ordem da nova campanha antimonarquista era *Vamos salvar a República*, explica o jornalista. Uma primeira coluna parte de Monte Santo, seguindo o mesmo percurso das expedições malogradas anteriores, enquanto uma segunda coluna sairá de Aracaju, atravessando o estado até alcançar a cidade de Jeremoabo. Essa coluna é comandada pelo general Savaget, que já está com seus dois mil e quinhentos homens bem armados na capital sergipana. Desta vez os militares não se esqueceram do transporte das tropas, do abastecimento de comida e das linhas telegráficas ligando Queimadas a Monte Santo. Mas as dificuldades são numerosas: do lado baiano quase nada funciona, faltando gado para a carne e o leite da tropa, além de cavalos e mantimentos, que ninguém sabe quando vão chegar. É a célebre irresponsabilidade republicana, comenta o Apolo. Será somente republicana?, fico me perguntando, enquanto releio alguns pontos da carta.

No começo da noite recebo a visita de Honório Villanova, que está morando há alguns anos em São Paulo e já freqüentou as reuniões da rua da Esperança, partilhando conosco seu entusiasmo e sua generosidade. Honório é dez anos mais moço do que eu, tem uma voz vigorosa de negro fula e se orgulha muito de seus pais terem nascido na África e se conhecido muito depois no Brasil. Ele tem agora uma família grande: oito filhos, dez netos e cinco bisnetos. Sua mulher Mariá foi muito amiga de minha mulher Olufeme no Rio de Janeiro, quando meus filhos ainda eram pequenos. Lembro dos banhos de mar que tomávamos em Santa Luzia, na arrebentação perto da igreja e agarrados às cordas que os banhistas usavam para não serem puxados pelas ondas. Falamos naqueles dias e minha memória se mostra um pouco melhor do que a dele. Apesar da idade, Honório continua trabalhando pesadamente para se sustentar, e à família. É inevitável falar em Canudos, nestes dias nervosos, e na resistência fí-

GUERRA NO MUNDO E NO CORAÇÃO 103

sica surpreendente do homem sertanejo, que no passado queriam fazer acreditar que era frágil e medroso. Teria eu visto as fotografias de Queimadas, exibidas na porta do *Jornal do Brasil* há duas semanas? Notei por acaso como a polícia baiana veste-se exatamente como os jagunços, ou são os sertanejos que estão imitando a polícia estadual, com suas calças apertadas e seus casacos muito curtos? São os *dandies* do sertão. E as colunas que estão indo combater os rebeldes do Conselheiro, são do Exército ou pertencem a alguma milícia gaúcha, com suas bombachas, seus chapelões, suas cuias de chimarrão? Honório Vilanona diz que mais uma vez as coisas solenes no Brasil parecem mais festejos que outra coisa. Nós, que sempre falamos de costumes estranhos e no desejo de aparecer que é típico do homem do interior brasileiro, rimos uma vez ou outra durante a longa conversa, e no final, antes da despedida, ele me pergunta se posso dar-lhe alguma ajuda para a comida das crianças, o que aceito fazer sem nenhum comentário.

Fico sabendo agora, pela carta do Apolo, que a comissão de engenharia seguiu na metade do mês para estudar com sua técnica apurada os caminhos combinados nos planos de batalha. Se o adversário fosse mais malicioso, bastaria ver por onde anda essa comissão para saber por onde vão passar as tropas do governo. Ou será que isso está acontecendo? A tropa segue pelo caminho de Aracati, que é mais seguro do ponto de vista estratégico. Por Calumbi seria menor a viagem, mas acabaria sendo muito mais perigosa porque a região está coalhada de conselheiristas. As tropas da Primeira Coluna saíram de Monte Santo dia 20 de junho, ontem, planejando passar pelas fazendas de Aracati, Juetê e Rosário, seguindo a marcha por brigadas dispersas com a combinação de se fazerem contato de quando em vez. O Quinto Batalhão de Polícia vai protegendo o comboio de munições. Todos estão prevenidos de que à medida que se avança aumenta o número de espinheiros e é maior a irregularidade do terreno. Aquelas paragens do sertão não foram feitas para o homem. A verdade é que da fazenda do Rosário em diante o solo é tão pedregoso que as botas dos soldados devem gastar-se logo. Além disso, a água vai desaparecendo e as pastagens vão mirrando.

A mim causou surpresa saber que a Segunda Coluna já travou combate com os conselheiristas no desfiladeiro de Cocorobó, a menos de quinze quilômetros de Canudos. Do outro lado, a Coluna Savaget está percorrendo o interior de Sergipe sem encontrar oposição, andando já pela altura da estrada de Jeremoabo, do lado leste do arraial. Os combates na serra do Cocorobó foram ferozes e os sertanejos usaram bastante seus facões, para poupar a munição. Da parte deles, segundo se diz, ninguém decepou cabeças porque o Conselheiro tem repetido que isso não deve ser feito jamais. Da parte das tropas do governo, talvez por serem mais civilizadas, o corte de cabeças é prática comum. Sobressaiu na luta o sertanejo conhecido como Pajeú, que comandou ataques rápidos e muito freqüentes que visavam atrair a coluna para determinado ponto. Os soldados estavam muito surpresos com o fato de os sertanejos ficarem invisíveis na maior parte do tempo, surgindo apenas para desfechar seus ataques e voltando imediatamente para trás das touceiras e grandes pedras do caminho, e como eles conhecem esse caminho.

No dia seguinte, faço uma via-sacra pelas redações dos jornais e estantes da Biblioteca Nacional, colhendo toda informação que pude encontrar, lendo boletins, puxando conversa, ouvindo histórias, anotando o que me pudesse escapar da memória. O nome de Pajeú aparecia a todo instante nos jornais dos últimos dois anos, como se fosse um fantasma, o guerreiro providencial que está presente onde menos se espera. Fala-se também muito nos combates do sítio do Rosário, que desfavoreceram os soldados do Sul. À medida que são destacados os poderes misteriosos dos fiéis do Conselheiro, ele parece um adversário difícil de vencer, naturalmente porque conta com o auxílio de forças diabólicas. Seus "cabras" quase não mexem com o braço quando cortam alguém com seus facões afiados porque são hábeis e suas armas muito bem cuidadas. A notícia de que o Conselheiro havia proibido terminantemente a degola dos soldados do governo aprisionados pelos jagunços não ocupa mais do que duas linhas dos

GUERRA NO MUNDO E NO CORAÇÃO 105

jornais do Rio de Janeiro. Os soldados também são advertidos por seus superiores para evitar o corpo-a-corpo, disparando suas armas a pelo menos cinco metros de distância, e em pontos vitais do corpo. É o reconhecimento indireto da superioridade do soldado-jagunço? Contra adversários tão poderosos todas as armas são legítimas e todo esforço é necessário. O clero, que antigamente estimulava os soldados identificando os adversários com o demônio, está pouco ativo nessa campanha contra o Conselheiro. A razão, diz Apolo, é que o Estado e a Igreja estão hoje separados, e o Exército assume a inteira responsabilidade de defender a sociedade. A idéia é interessante.

Uma semana depois voltei a ter notícias desses primeiros encontros das tropas com os sertanejos. As balas então pareciam surgir do meio da caatinga, despejadas por armas invisíveis e mãos insuspeitadas. Os soldados estavam muito impressionados com os vestígios deixados por seus colegas das expedições anteriores, como restos humanos, uniformes, cintos, chapéus que os sertanejos não haviam tocado. Por quê? Ninguém sabia explicar. Cadáveres mumificados pelo sol do sertão eram coisa comum. Como se tivessem sido deixados lá para atingir o moral dos soldados que chegavam. Botas rasgadas, cantis, carteiras com documentos e, o pior de tudo, o cadáver do coronel Tamarindo, sem a cabeça e espetado num tronco mais alto, ainda com o casaco e o dinheiro nos bolsos. Os fiéis do Conselheiro, dizia-se, haviam levado somente o que lhes interessava no momento: as armas. A Primeira Coluna acampou a cerca de 1.500 metros de Canudos, num planalto cortado de trincheiras naturais, depois de forçada a andar de viés pelos sertanejos. Era exatamente o que Pajeú, o estrategista caboclo, mais desejava. De madrugada, ainda sem luz no horizonte, eles foram atacados pelos jagunços, que "parecem enxergar no escuro".

É como me sinto, um tanto alarmado e ao mesmo tempo justificado, com a fragilidade moral e material, o que significa dizer militar e estratégica, dos oficiais e soldados da expedição de Arthur Oscar, revelada nos documentos e depoimentos que tenho examinado estes dias. A falta de víveres é a mesma das expe-

106 A GUERRA SANTA DO GATO

dições anteriores, mostrando que a experiência trágica das outras vezes não valeu de nada. Os soldados passam sede e fome antes e depois dos combates. A Primeira Coluna, encurralada na Favela, pediu socorro à Segunda Coluna que estava acampada ali perto, somente aguardando ordens para combater. Do outro lado, a Coluna Savaget enfrentou com dificuldade os sertanejos do Conselheiro em Macambira e logo em seguida teve de abandonar as posições duramente conquistadas para socorrer a Segunda Coluna. Como podiam os jagunços combater em duas frentes tão distantes, com tamanha eficiência? A Quarta Expedição corre o risco de ser aniquilada pelo adversário invisível, misterioso, ligeiro como o demônio, quase invencível. O medo começa a se apoderar da tropa. Tomei as notas que pude, copiei frases dos relatórios, tentei redesenhar alguns mapas que vi nas redações onde andei, principalmente no *Jornal do Commercio*. O que está na medula dessa inconsistência, dessa falta de vontade, dessa melancolia que mina toda ação e parece incompatível com a "ordem e o progresso", que é o dístico da nova bandeira nacional?

Fui para casa com o coração pesado, diante daquela mortandade colossal e da inutilidade daquilo tudo. Uma guerra artificial, organizada pelo medo, alimentada pelo ódio e pela suspeita, uma fantasia que brotou de meras idéias, cresceu e tomou dimensões colossais no mundo real. E me lembrei muito das guerras em que estive envolvido no passado e do meu papel nessas brincadeiras adolescentes e irremediavelmente trágicas. Acho que aprendi a evitar minha participação nesses jogos prestando atenção na maneira como escolhas, comparações e temores cresceram dentro de mim, até se transformarem em ação no mundo. Ação que não se apóia na realidade, senão em fantasias, ou nessa coisa que chamamos de "idéias", nesses fantasmas que chamamos de "opiniões", nesse veneno que designamos como "pensamentos", miragens perigosas, isso sim. Nem por isso, no entanto, cruzo meus braços quando é preciso agir no mundo. Mas medito muito antes, olhando, vendo e cheirando, sem idéias previamente formadas, sem modelos rígidos. Apenas flexível, se possível ca-

GUERRA NO MUNDO E NO CORAÇÃO   107

lado interiormente, sem o zumbido pretensioso dos conselhos e das opiniões do mundo.

Meu Deus, não sou exatamente um amador nessa tarefa de dar combate a outros homens, mas ser experiente nisso é um perigo terrível. Ainda bem que não tenho hoje a energia de outros tempos, porque assim não posso usá-la precipitadamente, como tantas vezes fiz e vejo tantos fazerem em toda parte. Agora, cada vez que vejo de perto uma arma me espanta muito perceber que ela foi para mim um fator de segurança, quando o porte dela cria exatamente o contrário, seduzindo você para a violência. Uma arma pede para ser usada no seu bolso, na sua cintura, na sua gaveta, no seu armário. E ela é eficiente sempre que é utilizada, porque não tem discernimento, ela é resultado de uma opinião humana sobre o mundo. Isso parece loucura, mas não é. A raiva do guerreiro foi inseminada nele, foi desenvolvida nele, sem que se desse conta disso. Ele próprio é uma arma.

Tenho diante dos olhos as figuras de Calafate e Tomás, que morreram ao meu lado há mais de meio século, guerreiros muito preparados, máquinas perfeitas de combate que só tombaram diante de armas mais poderosas – os tiros dos cavalarianos em Água de Meninos, na paisagem mais bonita do mundo que é a Baía de Todos os Santos. Vejo Mamolim se despedindo de mim, o rosto sujo do sangue de outros combatentes, e me aconselhando a fugir nadando porque eu era muito moço. Ele estava decidido a morrer ali mesmo porque se convencera de que devia ser assim, não porque tivesse de ser assim. Isso me incomodava, deixá-lo ali sozinho, mas ele morreu como queria, e então só me restava mergulhar na água do porto. E vejo Firmino, companheiro de viagem Brasil abaixo até o Sul misterioso e promissor. Mas ele também morreu pela traição de Donana, mulher branca que eu um dia amei e depois nunca mais quis ver.

Quantas guerras, as primeiras no Futa Jalom, ainda guerreiro-menino, depois as guerras de defesa que fui aprendendo e aperfeiçoando no interior brasileiro, em Malemba e no Piraí, nas terras de mineração em Mariana e Diamantina, para conservar minhas pepitas, depois ao lado de Felipe Nagô e mais adiante

108 A GUERRA SANTA DO GATO

sozinho, levando meu pequeno tesouro para a Corte, porque não queria mais ser escravo e somente o dinheiro comprava a liberdade de um negro insubordinado como eu. Um negro pobre precisava muito mais de um punhado de pepitas de ouro e de diamantes do que os aventureiros brancos já enriquecidos que queriam ficar ainda mais ricos. Penso nas escaramuças do cais Pharoux, nos embates de Pati-do-Alferes em que me envolvi em nome de um ministro que nem conhecia mas por amor de uma mulher com quem afinal me casei. Depois aqueles dias no cemitério de Pére Lachaise, matando para não morrer, vendo franceses sacrificando seus irmãos uma vez mais na sua história já muito ensangüentada. E agora essa guerra na velhice, fabricada pela arrogância de tantos homens pequeninos, pobres sujeitos dispostos a matar outros pobres sujeitos como eles, que piedade e horror, ao mesmo tempo, que raiva e nojo. Agora porém vou para a luta sem armas, somente para ver e para ouvir, isto é, para aprender. A casa do homem não é o seu recanto de paz, é só um intervalo na guerra sublimada de todo dia. A paz só pode ser alcançada no mundo, ainda que seja na guerra dos outros, desde que a nossa arma seja nossa paixão pela realidade, tal e qual ela se apresenta dentro e fora de nós.

Disse uma vez a Ibraim que aquilo que a tradição chama de "invocação do nome de Deus" não é de fato nada do que a frase sugere. Sentado ereto na penumbra do quarto enquanto respiro lenta e compassadamente enchendo primeiro a parte inferior dos pulmões, permaneço muito quieto vendo como nascem os pensamentos, no instante em que de fato nascem, e a forma que tomam. Não me vejo então como um caçador de pensamentos. Simplesmente não procuro o que não existe, esse olhador do mundo separado daquilo que ele olha. Quando a inquietação toma formas tão sutis quanto o ajeitar do corpo, o coçar da testa e o estirar para a frente os pés, há uma parte de mim que simplesmente vê – se no caso ver não fosse apenas uma sugestão do que então acontece. As palavras que foram feitas para fins tão práticos e específicos surgem agora como marcos na estrada que o viajante apenas vê e deixa que fiquem para trás, porque não é

GUERRA NO MUNDO E NO CORAÇÃO 109

delas que se trata mais, porém daquilo que elas quiseram e ainda querem representar. As coisas têm sua alma particular quando os sentidos as percebem, mas morrem em seguida porque é da sua natureza ser e não ser ao mesmo tempo. O modo como uso as coisas é parte do conhecimento desse que só vê aquilo que elege como útil e nunca o resto do universo, que esse é bem real. A partir de certo ponto esse "ver aquilo que é, exatamente como é" torna-se o verdadeiro órgão da percepção, e os olhos do animal que observa o mundo são apenas mera sombra, uma pálida imitação desse órgão profundo por trás do qual não há ninguém, não há "aquele que vê", nem um centro do mundo ou um dono da verdade.

Dhikir Allah é como os árabes islâmicos o designaram, como alguns pacientes homens o chamaram: "invocação de Deus" e nada mais, mas eis as miragens do mundo de volta, trazidas pela mão da insegurança, pelo desejo de resultados, numa cadeia de símbolos que se chama a fala e é mãe do pensamento e da vontade. Não sei sequer se é do Corão essa frase: *A pele daquele que conhece o Senhor se arrepia, pois essa pele e seu coração se comprazem com a invocação do nome do Mistério*. Não importa em que livro ela pode ser encontrada, toda hora é hora de viver essa sugestão. "Os exercícios exteriores são necessários?", perguntou uma vez uma pessoa querida. São necessários mas nem de longe indispensáveis, porque quando o fruto está maduro ele se entrega facilmente à mão que mal o toca. Quando não está maduro, é uma violência arrancá-lo. Os corações perdem sua dureza e acidez no momento certo, é preciso ter paciência e a certeza de que tudo flui no universo. Só existe pressa quando não há fé, quando não há maturidade. Toda retórica, todo dogma, toda discurseira é fruto dessa pressa adolescente dos homens.

Ah, os chamados graus da certeza de fato não os repasso na memória mas eles se mostram ao meu coração. Para que a *semente não caia em terreno pedregoso* e em vez disso dê fruto, esses graus se mostram como a ciência e a verdade das certezas. O mais alto grau à frente, indizível por sua própria natureza, é o da extinção de toda dualidade, caminho único da suprema identidade. Uma

110 A GUERRA SANTA DO GATO

oração ressoa por dentro (os antigos diriam "entoada pela voz dos anjos"), mas nem os lábios da alma agora se movem para acompanhá-la:

Quando nossos corações se tornam menos duros, estamos em estado de oração mas não sabemos. Se sabemos com a certeza do intelecto, então nossa alma ainda é prisioneira. E se aqui há apenas um homem que se prostra em direção a Meca, como se a geografia fosse parte essencial da Sabedoria, aqui existe apenas um escravo que deseja a liberdade mas ainda não sabe o que fazer com ela. O fiel murmura o que conhece como *Dhikir Allah* somente para se sustentar nas antigas palavras, e com isso evitar o pântano das orações repetidas que fazem a alma adormecer, e poder voltar então, quando e onde o Espírito resolver soprar, ao silêncio bem-aventurado da atenção mais pura e do vazio mais cristalino.

Essa é a prece do coração, que se alegra na presença do Senhor.

Estou tomando chá com Adelaide e o nosso neto Ibraim na sala de estar da velha casa em Laranjeiras. O relógio na parede bate as horas, mas não nos interessa no momento a informação que ele nos passa. Cada gesto e cada movimento nosso é somente nosso esta noite. Espremo limão no chá, misturo seu sumo com a colher, levo a xícara à boca e sorvo devagar seu conteúdo. Aquelas pessoas que eu vejo agora com meus olhos repousados, a quem amo sem nenhum apego, com as quais compartilho um momento no mundo, parecem resplandecer na sua pura realidade. Olho os cabelos grisalhos dela e suas mãos que sempre me encantaram. Vejo restos de infância nele que são muito naturais no homem alto e forte em que se transformou. Nós nos fitamos quase sem palavras, felizes e encantados com a existência uns dos outros. Há algumas nuvens no alto das montanhas distantes que posso ver pela janela, sentado em minha poltrona. Para o lado do mar há uma vermelhidão no céu, que aos poucos vai declinando com o fim do dia.

9
Notícias da guerra e a última ceia
julho

Recebo algumas visitas e duas cartas, em conseqüência do artigo que escrevi para a *Folha Fluminense*, do meu amigo Rubicundo Apolo, artigo proposto por mim que queria ver publicada uma opinião sobre o escandaloso artificialismo do conflito em Canudos. As visitas foram para me cumprimentar pela coragem de dizer o que ninguém tem dito, tendo sido aproveitadas por mim para discutir mais a fundo a questão com pessoas diferentes. Não é questão de coragem, mas de oportunidade. Soíca e Osvaldo estavam felizes com a abertura ao público de temas que sempre foram os nossos prediletos no grupo da rua Esperança, no Valongo. Contribuir em alguma coisa para mudar a mentalidade que predomina é o que me levou a escrever o artigo. Aqueles dois irmãos do Valongo vieram me ver no mesmo dia em que saiu o artigo e ficaram até tarde conversando. Dr. Tomasino, juiz aposentado e articulista do *Jornal do Commercio*, me disse em carta da sua alegria ao ver em letra de forma um tema que ele próprio já abordara muitas vezes nos seus escritos. Segundo ele, o sentimento de insegurança dos militares brasileiros não foi aplacado com a vitória sobre o Paraguai na guerra. A Revolta da Armada também só fez exacerbar o descontentamento, entre os militares, com a própria imagem. Agora, a derrota das expedi-

112 A GUERRA SANTA DO GATO

ções oficiais por grupos de sertanejos ignorantes que são chamados com desprezo de jagunços foi demais para a vaidade deles. Daí essa fúria e a necessidade de magnificar o adversário, para valorizar uma futura vitória do governo.

Das cartas recebidas, uma assinada pelo capitão Bastos Cabral só falta me desafiar para um duelo, o que acaba não fazendo por o missivista reconhecer minha idade avançada e se compadecer de mim porque naturalmente pelas minhas opiniões não devo estar mais bem das faculdades mentais e mal sei o que digo. Fala nas "tradições gloriosas de Caxias" e afirma que o coronel Moreira César teria sido um novo Floriano se não tivesse sido morto à traição pelos sicários de Antônio Conselheiro. Diz que se informou a meu respeito e que conhece bem minha história de "negro malê", "um rebelde a vida inteira" que ficou rico, ao que consta, com mineração em Diamantina. O capitão termina sua carta dizendo que vai procurar a redação da *Folha* para exigir a publicação de uma resposta às minhas "assacadilhas". Ponho de lado a carta do pedante, para mais tarde divertir um pouco Ibraim com a sua leitura em voz alta.

A outra carta, assinada por Manuel Jorge de Oliveira Rocha, jornalista de Campinas e fundador do jornal *A Notícia*, no Rio de Janeiro, despertou minha atenção e me deu muita alegria. O Rocha gostou muito do artigo e quer conversar comigo pessoalmente nos próximos dias, dependendo de combinarmos. *A Notícia* é um vespertino famoso e controla, se não me engano, a sociedade anônima proprietária da *Gazeta de Notícias*, que segundo sei vai mandar muito em breve um correspondente seu ao sertão da Bahia. Porque sabe tudo sobre a imprensa no Brasil, e alguma coisa sobre a do resto do mundo, compreende o empenho das folhas brasileiras em explorar os assuntos que ajudam a vender jornais. Lembro que uma vez ouvi do jornalista Rangel Pestana, de São Paulo, a afirmação de que a venda avulsa de jornais ia decidir um dia o tipo de notícia que as publicações destacariam. Isso me impressionou na época, e o que *A Província de S. Paulo* de fato fez depois disso provou que Pestana estava certo. *Novidades*, tendo à frente Alcindo Guanabara, a seu modo está sobrevivendo hoje também da venda avulsa. Decido mandar uma carta a Manuel Rocha, solicitando um encontro para falarmos desse fenômeno assustador de Canudos – não o perigo que o arraial oferece ao país ou à República, mas o contrário, o mal que o atual governo do Brasil pode fazer ao homem do sertão, se as coisas seguirem no caminho em que vão.

No almoço, Ibraim me conta um detalhe do mito grego de Édipo, assunto que está estudando e que me agrada muito aprender com ele. A Esfinge, um ser monstruoso e desafiador, aborda os que atravessam seu caminho propondo enigmas. "Decifra-me, ou eu te devoro", ameaça a Esfinge. E em seguida pergunta a Édipo: "Qual é a criatura que tem quatro pernas pela manhã, duas durante o dia e três no final do dia?". Édipo não vacila: "É o homem, que como recém-nascido engatinha, como homem anda e como velho se arrima num bastão". A Esfinge se encolhe, derrotada. Rimos um pouco e cada um de nós procura lembrar-se de alguma adivinhação perdida na memória. Adelaide está fascinada com a sabedoria de Édipo e comenta que gostaria de ler mais sobre as lendas gregas. Dos mitos passamos às imagens e dessas às imagens religiosas, ponto em que Ibraim me pergunta por que o islamismo não usa imagens nos seus cultos e nas suas *taricas*.

De fato. Lembro que o monoteísmo cristão, com sua trindade, sua pletora de santos e seus anjos, nem parece monoteísta ao lado do islamismo. Segundo a grande tradição mística do maometismo, tudo é animado por Deus, tudo é Deus, dentro ou fora de você. Assim, não há lugar para uma representação gráfica ou artística daquilo que está em toda parte. Sobre o mal, é curioso, no Islã o demônio é um anjo desviado que recusa o conhecimento de Deus e age em função desse desconhecimento. A finalidade na vida, segundo o sufismo, é remover todos os véus entre o homem e Deus. O último véu chama-se "eu", a idéia da separação que carregamos. A individualidade, assim, é uma miragem, e somente Deus é real. E conto uma parábola, a propósito do amor divino e de parábolas: alguém perguntou a Rábia, "santa" dos primeiros tempos do islamismo: "Se me arrependo, Deus me

114 A GUERRA SANTA DO GATO

aceita de volta?". Rábia responde na hora que a pergunta não faz
o menor sentido. "Mas se Ele se volta para você", ela diz, "você
se voltará imediatamente para Ele." Ibraim se lembra de uma
oração-poema que recitei a ele, rezada por aquele outro santo
homem do Islã, Al-Hallaj. Recito, com a entonação que me ensi-
naram: "Entre mim e Tu existe um 'eu sou'/ Que me cega e me
atormenta./ Ah! Remove por favor esse 'eu sou'/ Que paira como
sombra entre nós dois".

Leio hoje que o medo do recrutamento no interior da Bahia
está esvaziando as feiras e reduzindo a população local à mais
terrível das misérias. O aprovisionamento das tropas também foi
afetado porque a ordem era que os meios locais fossem utilizados
na sobrevivência dos soldados, o que é ridículo considerando que
esses meios são insuficientes até mesmo em tempos normais, que
se dirá em época de guerra. Os cavalos para montaria são das cidades do litoral ou foram requisitados em fazendas, para horror
dos fazendeiros pois o governo é sabidamente mau pagador,
porque tardio e relapso. As populações pobres sempre temeram
o recrutamento, fosse em que tempo fosse, quanto mais agora
quando é preciso castigar Canudos. Recebo em casa relatórios da
guerra no sertão, mandados por amigos, e o mais minucioso deles é o de Renato da Costa Lima, um escrivão de Laranjeiras, em
Sergipe, que durante muitos anos correspondeu-se comigo sobre
livros e agora manda informações, a meu pedido, a respeito das
andanças florianistas no interior da Bahia.

Segundo Costa Lima, a artilharia que foi para o sertão seguiu toda com a Primeira Coluna. Eram três baterias Kruipp,
uma de tiro rápido de metralhadora Nordenfieldt 37 mm e um
canhão Whitworth 32, mais conhecido pelos jagunços como *Ma-
tadeira* porque dizimava os batalhões aparentemente desordena-
dos mas na verdade muito bem treinados de Pajeú. Quando leio
notícias desses chefes jagunços tenho vontade imensa de conhe-
cê-los de perto. Nos seus instantes de calma devem ser pessoas
ponderadas, pouco falantes, pacificadas interiormente. Nunca
me pude distanciar dessa idéia, e ao confirmá-la pessoalmente
sua exatidão quase profética me maravilhou. Duas juntas de bois,

informa Costa Lima, puxaram cada uma dois canhões Canet, ficando assim a expedição fornida com 21 canhões. As carabinas de repetição são as mais modernas possíveis de conseguir, como as de marca Mannlicher ou Mauser, e os revólveres são sempre os Girard franceses. Os soldados franceses comem hoje rações individuais em latas, mas aqui ainda usamos a comida preparada no lugar onde estão as tropas, o que dificulta sobremaneira o chamado aprovisionamento. Carne, farinha, arroz, feijão e sal são difíceis de transportar em grandes quantidades e em bom estado. Os oficiais têm um cardápio ligeiramente melhor.

No momento as tropas estão paradas novamente, depois de muita espera e de muito boato. Os chefes militares não querem errar o pulo novamente, e procuram planejar com precisão. Nos últimos dias do mês passado houve fogo serrado nas imediações de Canudos, e o próprio general Savaget saiu ferido em Cocorobó, deixando a campanha para submeter-se a um tratamento. A Primeira Coluna ocupou então o alto da Favela, que tem esse nome devido a uma planta homônima que existe ali em quantidade. Mas o local nunca foi bom, porque os conselheiristas têm excelente pontaria e de dentro do arraial disparavam naquela direção. Há fome no acampamento, quando os víveres custam a chegar de Queimadas e Salvador. Depois sobrevêm dias de fartura e logo a fome volta, às vezes acompanhada de sede porque as reservas de água são escassas e o Vaza-Barris está mais seco do que nunca. O hospital de sangue improvisado nas proximidades é um dos lugares mais sujos da região, onde as nuvens de moscas chamam a atenção de quem chega. As notícias mais recentes são de 18 deste mês, quando as tropas resolveram fazer uma investida no arraial. Os combates duraram muitas horas e o exército perdeu, o que é espantoso e difícil de acreditar, cerca de mil homens somente nesse dia.

(Segunda metade do mês) O Rocha acha minha idéia de viajar para o interior da Bahia com a comitiva do ministro da Guerra, no início do mês seguinte, muito boa, mas lamenta não poder me mandar pelo seu jornal porque outro diretor já havia indicado alguém para essa missão e pretende-se que ele embar-

116   A GUERRA SANTA DO GATO

que imediatamente porque os acontecimentos estão se desencadeando muito depressa no sertão. Imagino que o Rochinha não quis me enviar por uma dessas duas razões: minha idade avançada ou o artigo que assinei na *Folha Fluminense*, exatamente aquele que despertou tanta admiração nele. Mas continuamos a conversa normalmente, sem que eu voltasse a falar no meu envio. Segundo ele lembra, há uma grande preocupação no governo, agora que o presidente Prudente de Morais reassumiu, em evitar os erros das expedições anteriores e alguns outros cometidos ainda por colunas militares da atual expedição. Não se fala nisso publicamente, mas é sabido que faltou água e alimentos para as tropas do governo nas primeiras tentativas de assédio de Canudos, há duas semanas. A escolha do alto da Favela para acampamento das tropas que investiam contra o arraial do Conselheiro foi equívoco imperdoável e custou muitas vidas.

Adelaide, Ibraim e os queridos irmãos do Valongo estão tranqüilos e confiantes com a minha decisão de viajar. Não sei ainda ao certo o que farei, mas em princípio penso encontrar pessoalmente Antônio Conselheiro, se chegar a tempo, é claro. Mesmo em caso contrário, estou disposto a chegar até Canudos de qualquer jeito, para ver e ouvir as pessoas envolvidas com esse movimento, que não pude definir até agora mas pressinto ser uma quebra de barreiras, uma ousadia do espírito, antes de ser do corpo e da vontade. Penso estar de volta em fins de outubro próximo, mas não tenho realmente nada assentado sobre isso. Mesmo porque, a certa altura, muita coisa não estará mais dependendo das minhas decisões ou dos meus planos.

Consulto a própria *Folha* sobre a possibilidade de viajar como seu correspondente, sem o que não poderia seguir no mesmo navio com as tropas e o ministro, no começo de agosto. Mas somente isso me traria de novo ao centro da cidade, nesses dias de inquietação e tanta violência. A brutalidade dos grupos de fanáticos (esses sim, são fanáticos) que percorrem as principais ruas e param nas portas dos jornais para gritar e provocar passantes é insuportável. Vi um homem sendo agredido na rua Uruguaiana, aos gritos de "traidor" e "infame", porque foi confundido

NOTÍCIAS DA GUERRA E A ÚLTIMA CEIA   117

com Joaquim Nabuco, político e diplomata que defendeu o abolicionismo e há pouco denunciou a intervenção estrangeira na Revolta da Armada. A vítima berrava a plenos pulmões que era contador, e não político, mas o bando que o cercava continuava ameaçando-o com suas bengalas. Os tipos provocadores que andam aos bandos pela cidade chamam a si mesmos de "patriotas", e seu inimigo é a Monarquia – não essa que foi arrancada do poder e mandada para a Europa com seu velho e sem dúvida sábio imperador, há alguns anos, mas uma conspiração internacional de monarcas e príncipes que odeia a República e os ideais que nasceram na Revolução Francesa. Esses arruaceiros não têm idéia precisa de coisa nenhuma e estão apenas aproveitando a oportunidade que têm agora de sair do anonimato em que sempre viveram, gritando frases em nome de belos ideais. Vai demorar até que a calma e a beleza serena de antigamente voltem ao Rio de Janeiro.

Visitei ontem o edifício magnífico que foi batizado, na sua inauguração, como Templo da Humanidade, na antiga rua Santa Isabel, atual Benjamim Constant, no bairro da Glória e próximo da colina onde fica a igreja desse nome. Os positivistas têm agora sua nova sede no Rio de Janeiro, e a fachada do templo é uma reprodução do Pantheon de Paris. A caminho de casa, tonificado com a confirmação de minha viagem a serviço da *Folha*, sinto imenso vigor e uma grande disposição para andar. Sigo pelo Catete andando no passo enérgico habitual, enquanto penso em Augusto Comte e no modo como sua doutrina foi tão bem aceita no Brasil, apesar do catolicismo que todos dizem professar aqui. O requisito da atividade filosófica e científica de basear-se somente na análise científica e na experiência é à primeira vista indiscutível e tem íntima relação com a honestidade pessoal. Maior dificuldade, penso eu, surge quando se começa a meditar seriamente em que consiste de fato a experiência individual. Talvez seja ali mesmo, no Templo da Humanidade que escolhe e adota esse título pomposo, que a filosofia e a ciência comecem a abrir mão da pureza na sua análise e observação, iniciando a marcha para uma nova religião, ou no mínimo para um conjunto de dogmas que vão sustentar uma nova fé. Não foi outra coisa que ocorreu com as grandes religiões que o mundo já conheceu. Seus fundadores e primeiros organizadores, os que lançaram suas pedras fundamentais, não foram seus inspiradores essenciais, como Moisés, Jesus, Mitra, Zoroastro, Buda e Maomé. Nenhum deles, com alguma exceção talvez, reconheceria como suas as religiões que há muitos séculos falam em seu nome. Mas é preciso reconduzir a atenção até um percebimento menos mundano dessas questões. Como o agnosticismo, o positivismo seduz os espíritos e os temperamentos práticos, ávidos por respostas, carentes de resultados imediatos. Num mundo limitado, ele atrai os que aspiram a um conhecimento ilimitado. O essencial no sufismo é o "sagrado", que exclui totalmente o profano, o vulgar e o capsular, que têm respostas simplistas. Assim, exclui também o ateísmo, o agnosticismo e o esoterismo. Este tem como elemento sedutor a superstição, a crendice e as metafísicas toscas e consoladoras. Caminho por ruas mal calçadas, onde de vez em quando vejo ratos entrando e saindo nas aberturas do esgoto e saindo, e vou evitando poças d'água e pequenos montes de lixo pelo caminho.

Consulto meu relógio de algibeira e me lembro do encontro à noite em casa, com algumas pessoas queridas que vão me visitar antes da viagem. Mas nada me agrada mais ultimamente do que caminhar, para ver o mundo que se expande além das estrelas ou se alarga, também infinitamente, dentro do meu coração. Caminhar foi sempre meu modo preferido de estar no mundo. "Esse homem veio a pé da Bahia até o Rio de Janeiro, quando era moço", Ibraim gosta de repetir, quando alguém me pergunta por que, vindo do centro da cidade, não tomei uma vitória ou um bonde para chegar em casa, em vez de vir andando. "Esse é um caminhante, um peregrino", conclui meu neto, apontando para mim. Passo agora ao lado do palácio onde o presidente da República atualmente despacha, com suas águias monumentais no alto e árvores frondosas no seu jardim lateral. O edifício foi antes a casa do Barão de Nova Friburgo, que ali viveu até sua morte, apenas sete anos depois de mudar-se. Ninguém sabe quem foram seus arquitetos, sendo este um dos mistérios dessa grande casa, e o outro é por que motivo não o construíram no centro do seu grande parque, mas num dos lados, com o fundo dos jardins na bela praia do Flamengo. Dou uma volta no jardim da Casa de Saúde São Sebastião, com suas imensas enfermarias que até há pouco dispunham de um setor somente para escravos, a preços módicos. Há na sua construção os espaços e o recolhimento de um mosteiro, e essa amplidão sombria me seduz sem que disso eu saiba a razão.

Antes de entrar na sala iluminada, olho do corredor o cenário que eu gostaria de conservar para sempre na memória. Adelaide e Teresa dispõem pratos e copos nos respectivos lugares à mesa, enquanto Leonor, Soíca, Osvaldo, Parmênidas, Palhano e Lourival conversam com Ibraim no círculo de poltronas à esquerda, perto das janelas. O corredor me parece infinito e penso estar ouvindo aquelas vozes musicais com o mesmo encanto há algumas horas. Ah, o amor, que coisa imensa e impessoal é esse sonho de fazer o mundo inteiro feliz e de dizer a todos no ouvido, com o carinho de um pai por seus filhos pequenos, que a vida em si é amena e deleitosa quando não há nenhum empenho em torná-la deleitosa e amena. O inverno delicioso do Rio de Janeiro promete para esta noite um frescor duradouro e uma visão de céu estrelado que vai fazer muita gente descobrir a delícia de estar vivo. Vejo os rostos, ouço os diferentes timbres de voz, acompanho os movimentos, reconheço os rostos um a um; no entanto, não parei um único segundo para observar tudo isso, que me chegou de uma vez e a seu modo demoradamente.

Ibraim ajeita a poltrona que ele pensa ser a minha predileta, e já está vazia. Sorrimos todos, fazemos contato com as mãos, acaricio de leve a cabeça de meu neto. "Olha o que nós soubemos de ontem para hoje", diz Soíca, enquanto os demais se aproximam, ainda em pé na sala. "Chegou um comboio de víveres após duas semanas de terríveis privações na tropa. A escolha do alto da Favela para acampar foi considerada uma irresponsabilidade. Em Canudos", diz ele, aqui reduzindo o tom da voz para que Adelaide não ouça, "as mulheres e as crianças estão lutando

120   A GUERRA SANTA DO GATO

também, e os soldados só conseguiram até agora tomar três centenas de casas, mas já sofreram mais de mil baixas. Tudo indica que a Quarta Expedição vai fracassar também." Ouço calado e imagino a tragédia que se aproxima, os desencontros, o medo interferindo nas escolhas, a determinação do comando de obter uma vitória a qualquer preço ocasionando maiores desastres. Osvaldo chega mais perto para ser ouvido: "A viagem do ministro Machado Bittencourt é a esperança do governo de retomar as iniciativas. As tropas acantonadas em Queimadas vão seguir esta semana para Canudos, e o ministro leva mais uma coluna, se não me engano". Ibraim comenta, perguntando, como estarão sobrevivendo os jagunços naquele tempo de seca se os próprios soldados do Sul estão passando fome. Osvaldo explica que a planície em torno de Canudos é fértil porque há poços em toda a região, com água mesmo quando o rio Vaza-Barris está seco, como agora. "Em Canudos há um pequeno comércio que fez algum estoque prevendo o cerco", diz Palhano, muito magro, o olhar inquieto. "Duas ou três forjas levadas para lá pelos jagunços 'ricos' fabricam foices, facões, ancinhos e lanças. Você já tinha ouvido falar em jagunços ricos?", pergunta a Ibraim, que sorri em dúvida.

"Todo esse noticiário da guerra no sertão", digo, finalmente sentado, "interessa na medida em que dá uma idéia do que está acontecendo por lá. A fabricação desse morticínio vai continuar até que não haja mais nenhum jagunço vivo. A usina onde isso é gerado, como nós todos sabemos, é aqui no Rio de Janeiro, com informações mandadas pelos fazendeiros e os prefeitos que eles elegem, na Bahia e no Norte todo. Essa coisa imunda que é a política entre nós precisa do sangue dessa gente que está sendo levada para o matadouro em nome do patriotismo, da honra nacional, da República, das forças armadas, dos ideais positivistas ou de qualquer outra instituição ou capricho arquitetados pelo pensamento do homem." Ninguém tocara nos refrescos e nos pratos dispostos na mesa. Adelaide está no fundo da sala, não perdendo uma palavra do que digo mas totalmente imóvel. Teresa voltou para a cozinha, onde fica à espera de um chamado seu.

NOTÍCIAS DA GUERRA E A ÚLTIMA CEIA   121

Caminho para a mesa, chamando meus amigos com um gesto. Sentamos, começamos a comer e Leonor diz que está lendo o artigo do jornalista Carlos de Laet sobre o relatório de frei João Evangelista Marciano a respeito de Canudos, publicado na *Revista Católica*. Ibraim comenta: "Estava dizendo a ela que frei Marciano foi um dos arquitetos, talvez involuntário, dessa guerra contra Antônio Conselheiro". Osvaldo lembra que o grito de desafio dos canudenses na hora da batalha é "Avança, fraqueza do governo!", o que tem abatido o ânimo dos soldados porque provoca riso nos próprios combatentes jagunços, que gritam e gargalham enquanto combatem. "Avante, fraqueza do governo!", exclama Ibraim, empunhando a faca do pão. Osvaldo continua a falar: "Há uma brigada que está para chegar a Cocorobó, que se considera a mais bem treinada do Exército brasileiro. Segundo os estrategistas que assinam artigos nos jornais ultimamente, a Brigada Girard vai terminar essa guerra em poucos dias".

Ibraim, Leonor e Palhano olham para mim no mesmo instante, e imagino que vão fazer a mesma pergunta. "Se eu chegar lá depois que a guerra tiver acabado?", interrogo, adivinhando. Todos sorriem. "Não estou indo ao sertão de Canudos para ver o final da guerra", continuo, "mas para simplesmente ver tudo o que possa ver, talvez algum sobrevivente, certamente o arraial, quem sabe conversar com alguém que conheceu bem o Conselheiro. Toda essa história, mais a do que o seu personagem central, tem um significado que ainda me escapa na sua totalidade, mas posso pressentir há muito tempo como significativo. Esse homem, nesse país completamente morto para a transcendência espiritual, mais a pobreza absoluta daquela gente, a paisagem de deserto do arraial, esse conjunto desenha o perfil de um tempo e aponta um parentesco assombroso com o deserto dos anacoretas, os mais antigos santos da Igreja como Antão, egípcio, primeiro monge da cristandade, que fazia do isolamento, do silêncio, da aridez onde vivia, da sede e da fome os instrumentos da sua santificação." Faço uma pausa para provar o suco de laranja e torno a falar: "Tenho comparado seus sermões com a obra de outros peregrinos que foram também chamados pelo deserto, como o

122 A GUERRA SANTA DO GATO

marroquino Ibn Batutta e o filósofo judeu espanhol Ibn Gabirol, e encontro imensa semelhança entre eles. Talvez o Conselheiro não tenha consciência disso, o que não diminui em nada sua importância porque homem nenhum, nem mesmo o mais elevado dos profetas, sabe muito a respeito do próprio significado neste mundo".

Falamos muito mais e nos sentimos muito próximos esta noite, talvez mais do que nunca antes. As mulheres nos acompanharam lado a lado em nossos vôos, e às vezes nos levaram sabiamente a pousar os pés no chão do mundo. Não houve despedidas no fim da noite porque pretendemos nos encontrar brevemente aqui mesmo, ou porque, se isso não acontecer, de algum modo essa nossa conversa continuará, onde quer que estejamos, porque o encontro é afinal o destino do homem e essa é a nossa verdadeira vocação.

10
Novos amigos na Bahia
agosto

Uma vez mais em minha vida chego à Bahia por mar, e como nas anteriores tenho a impressão de estar diante de um trabalho de arte de proporções gigantescas, terminado com a intenção de permitir aos homens desde a revelação do privilégio de estar vivo até a visão de beleza pura concedida aos que chegam a Salvador. Mas meus companheiros do navio estão ocupados nos preparativos do desembarque, nas discussões políticas habituais e em conversas sobre as roupas adequadas ao clima do sertão, e não voltam seus olhos senão rapidamente para a paisagem que se desdobra silenciosamente ao Largo do Pasadiço e do tombadilho do "Espírito Santo", que agora aponta sua proa para o cais de atracação na Cidade Baixa. A ilha de Itaparica me faz sentir de novo a antiga dor de coração dos malês, mas não me traz nenhuma imagem do passado. O Farol da Barra e o Forte do Mar são monumentos à presença brutal do colonizador europeu e hoje a mim não lembram mais do que o esforço inútil de alguns poderosos, para disfarçar seu papel nefasto no palco imenso da história humana.

A viagem foi agitada e ruidosa, em espaços limitados, cercada de euforia e muita ebulição. A presença de uma alta autoridade a bordo contagia os passageiros de um clima de cruzada que

124 A GUERRA SANTA DO GATO

desfigura a beleza característica das viagens por mar. Na minha primeira chegada à Bahia não vi o que agora via, o Farol da Barra, porque estava trancado no porão do navio, um escravo entre centenas de outros. Na segunda vez estava de viagem para os Estados Unidos e quando cheguei à terra fui procurar gente que não via havia muitos anos, inclusive uma mulher muito especial do meu passado, Maria Adeluz. Somente desta vez agora vejo com olhos de viajante as graças desse litoral belíssimo. A meu lado, na coberta do navio, está Edgar Stevenson, correspondente do *London News* que de volta de uma viagem ao Chile e à Patagônia, descansando uns dias no Rio de Janeiro, foi convocado num telegrama do seu diretor para viajar até o sertão de Canudos. O Ministério da Guerra fez, a pedido do embaixador inglês, os arranjos necessários para que ele seguisse logo para o teatro da guerra, e eis o pacífico Stevenson de pernas cruzadas na tolda do "Espírito Santo", fumando ao meu lado seu perfumado cachimbo. Ficamos amigos nesses quatro dias incômodos de viagem, evitando as rodinhas de anedotas e os ditos picantes dos oficiais e soldados, e descobrindo que temos interesses e admirações iguais, inclusive em relação à figura do Conselheiro. Stevenson traz sempre consigo uma câmera fotográfica especial, que inaugurou na viagem à Patagônia, segundo ele "um milagre da técnica e do progresso".

Stevenson fala lentamente, e em nossa conversa misturamos inglês e português, uma vez que desaprendi muito do que soube da língua dele, e meu companheiro de viagem ainda não aprendeu tudo o que deseja conhecer da minha. Fala com tristeza num jornalista brasileiro que foi assassinado no Rio de Janeiro no mês passado, Feliciano Amora, e cuja morte ele estava investigando antes de embarcar. Conforme Stevenson, o que já apurou foi deixado por ele numa pasta que ficou com uma mulher em quem confia, a fim de continuar o trabalho na volta. O assunto, segundo diz, é perigoso e ele o vem mantendo em absoluto sigilo. Stevenson leu o artigo que assinei na *Folha Fluminense* e sabe que pode confiar em mim. Tranqüilo quanto a isso, conta sua história: "O Amora me contou tudo numa única noite em que ficamos acordados, no sobrado onde ele morava na Penha, tomando cerveja e fumando", diz Stevenson com seu sotaque britânico, entre baforadas de cachimbo. "Há poucos dias, em meio à agitação que se seguiu à derrota da Terceira Expedição, e com a criação dos chamados batalhões patrióticos – uma tolice romântica ou um delírio criminoso, o homem civil comum querendo transformar-se em guerreiro na defesa de uma causa –, um homem foi morto no Rio de Janeiro, na porta do jornal onde trabalhava, por três sujeitos trajados à paisana mas portando revólveres militares."

O "Espírito Santo" vai-se aproximando das docas, mas a manobra de atracação é tradicionalmente lenta no cais da Bahia. Nossas bagagens já estão prontas, junto das cadeiras onde estamos espalhados. Estranha dupla nós formamos. Um inglês típico, de suíças brancas e calva brilhante, e um negro magro e alto, evidentemente velho mas ainda ágil, com um rosto escarificado na forma dos bigodes de um gato. Stevenson olha o céu, com ar mortificado, e continua: "O padre Cícero Romão Batista, de Juazeiro, havia impressionado muito o Amora, que o entrevistou mais de uma vez. Pela bondade e pelo amor que ele demonstrava por aqueles que chamava de seus filhos. Esse homem pacífico estava sendo pressionado pelas autoridades e pelo clero brasileiro a se afastar de Juazeiro, sua paróquia, e foi o que ele fez nesse mês de julho". Fico imaginando que relação terá o padre Cícero com a atual situação, mas me mantenho calado, olhando Stevenson. "O governador de Pernambuco soube que o padre Cícero havia deixado Juazeiro sem avisar aonde iria. Em seguida alguém informou que ele se encontrou com um grupo de jagunços em Salgueiro, no sertão pernambucano. O governador do estado dirige-se aos juízes de Direito de várias cidades indagando se o padre Cícero estava por ali agitando o povo. O bispo de Olinda alarma as autoridades no Rio, afirmando que o padre Cícero provavelmente está seguindo para Canudos para apoiar Antônio Conselheiro, seguido por oitocentos habitantes de Juazeiro, todos armados."

126   A GUERRA SANTA DO GATO

Stevenson pára um instante, balança a cabeça e continua: "Ao contrário até, o padre Cícero havia deixado Juazeiro para cumprir uma exigência da Sagrada Congregação do Santo Ofício, que o calou com seus interditos canônicos, mandando que se afastasse. Ora, Feliciano Amora escreveu três artigos em dias sucessivos no *Jornal da Manhã*, de Niterói, mostrando o ridículo de toda aquela intriga, e inocentando o padre Cícero. E, o que é pior, Amora também isentou o Conselheiro das acusações que lhe fazem as autoridades republicanas, o clero e os fazendeiros ricos da Bahia. Esse foi seu erro fatal...", diz Stevenson. Seu sotaque pesado chama a atenção de dois oficiais do Exército que estão próximos de nós na tolda do barco, e eles se colocam ao nosso lado, embora de costas para nós. Ponho o dedo indicador na boca, enquanto Stevenson fala, e olho para os dois militares. Mas o inglês não entende, segue falando. Finalmente eu o puxo pelo braço para mais adiante. E ele vai, resignado.

Ficamos olhando um para o outro, à espera de uma conclusão que afinal vem: "Amora foi assassinado por isso, tenho certeza. Quando ele me contou sua história, disse que sabia estar marcado para morrer pelo mesmo bando que ameaçou o Manoel Benício do *Jornal do Commercio* e matou o Gentil de Castro, da *Gazeta da Tarde*, nos dias que se seguiram à derrota da expedição do coronel Moreira César, em Canudos. E, amigo, sou muito franco com você", continuou o inglês, com a voz deformada pelo cachimbo preso nos dentes. "Quando li seu artigo pensei: esse aí vai ficar marcado pelo mesmo pessoal republicano fanático, que vê em toda parte uma conspiração monarquista internacional." Suspiro, passeio os olhos pela paisagem e faço menção de me levantar porque minhas pernas estão ficando dormentes: "Se tiver de ser, será", murmuro, alongando os braços. Stevenson também se levanta e aperta os olhos para ver o litoral distante sob a luz da manhã. Vamos ficar no mesmo hotel, o Olinda, onde se hospedarão os jornalistas até o momento de seguir viagem de trem para Queimadas. Vamos caminhando para o hotel, depois de uma longa e morosa fila para deixar o navio, com os papéis de identificação, as despedidas do capitão e a meninada do cais as-

NOVOS AMIGOS NA BAHIA   127

sediando os que chegam para carregar suas malas, o que retarda ainda mais o momento de tomar um banho e descansar num quarto bem ventilado.

Pego na portaria do hotel um exemplar do *Diário da Bahia*, em que localizo depois um interessante artigo, da autoria de certo T. H. Morais, comparando as guerras européias e as americanas. Cita o célebre regulamento do exército francês de 1831, que de tão complicado nunca conseguiu ser posto em prática em guerra nenhuma, muito menos numa guerra travada no sertão da Bahia. A ação combinada de infantaria, artilharia e cavalaria ia ser testada agora, nos próximos dias, pela primeira vez no Brasil. A tática de enganar o inimigo com as chamadas "manobras diversionistas", falsos movimentos de tropa para enganar o adversário, que tanto resultado deram na Europa recentemente, funcionaria contra os jagunços? Que faria um sertanejo que tomasse nas mãos um fuzil Mannlicher, modelo 1888, calibre 7,92 mm? Seu "coice" pode matar um artilheiro despreparado. Imagino algum capitão afoito sugerindo, numa reunião de oficiais, distribuir os Mannlicher entre os jagunços, para matá-los aos poucos com seu próprio "coice" traiçoeiro.

À noite encontro Stevenson para caminhar por Salvador e continuar nossa conversa. Mostro-lhe alguns lugares meus conhecidos, inclusive um velho quartel, onde comprei uma briga tremenda há mais de meio século, antes de acabar na chacina de Água de Meninos, durante a Revolta dos Malês. Identifico uma venda na esquina, ainda iluminada a querosene, onde me encontrava com Maria Andeluz. Uma saudade antiga passa como um fogo rápido por meu coração, e naquele relâmpago vejo o corpo nu que nunca se apagou completamente da memória. Onde está a ladeira, aqui deste lado da rua, que levava até Água de Meninos, ao trapiche e ao mercado onde uma vez... "Sabe quando vamos para Queimadas?", pergunta Stevenson, que sem saber disso me puxa para o presente. Talvez dentro de uma semana, e depois teremos de esperar lá outro tanto enquanto o Exército mete os pés pelas mãos em Canudos e experimenta seu novo armamento, que se já estivesse ao nosso alcance ao tempo da

128 · A GUERRA SANTA DO GATO

Guerra do Paraguai teríamos acabado com o ditador Solano Lopez na metade do tempo que ele nos custou. É assim que se fala da campanha de Canudos em toda parte no país, seja na capital federal, seja na Bahia. "Temo saber da morte do Conselheiro antes que possa botar meus olhos nele", falo de repente, imaginando o inferno que estaria reinando em Canudos. Comento a frase arrogante do coronel Moreira César, quando foi ouvido ainda no Rio sobre guerra e bravura, seus temas prediletos. "Meu único medo", respondeu ele, de queixo levantado, "é que o Conselheiro não me espere." A verdade é que o Conselheiro estava à sua espera, mas antes dele também o estava a morte. Stevenson diminui o passo e me olha atentamente. "É como eu, temo não encontrar com vida o Conselheiro." Seguimos andando, calados, ouvindo os próprios passos cadenciados na calçada. O outro balança a cabeça, não sabe o que vai acontecer dentro de um minuto, que dirá nos próximos dias. Como eu. Há alguns meses que imagino o Conselheiro e a sua solidão, cercado de gente devotada e fiel mas muito diferente dele, gente melhor que esses que o transformam num demônio mas ainda assim gente que não consegue distinguir a sede de vingança da necessidade de sobreviver, a raiva "saborosa", que é terrível e dá prazer, da justa indignação que é tão rara em nossa vida.

Preciso saber dos planos dos militares, mas os que me trouxeram não podem saber que na verdade estou aqui por minha conta, não para fazer relatórios para um jornal sobre as atrocidades que vão fatalmente acontecer, e que os leitores no fundo amam como nos agrada uma peça teatral ou, que medonho!, uma briga de galo. "Você leu o artigo do Carlos de Laet sobre o relatório da visita que frei Marciano fez ao Conselheiro?", interroga Stevenson. Digo que sim e pergunto se ele leu a resposta do sacerdote no jornalzinho *Cidade de Salvador*, há poucos meses. Se não leu, não perdeu nada, porque frei Marciano foi de fato um dos arquitetos dessa guerra, sem dúvida, por ter-se furtado a dizer o que viu nas horas que passou com o Conselheiro, em vez de atribuir-lhe nomes e fazer comentários sobre sua periculosidade, chamando-o de herético. "Moreira César era o exato contrário do Conselheiro", diz Stevenson, "e o que sobrava em um faltava ao outro. Mas, pensando bem, frei Marciano era outro tipo de oposto perfeito, tendo também um fundo religioso." Aproveitei para perguntar em que medida ele acreditava que o Conselheiro era um homem de fato religioso.

Após um largo silêncio, durante o qual o inglês caminha de mãos nos bolsos, olhando o chão como se estivesse distraído, ele fala: "Acho que a história do Conselheiro é a de alguém que começou como um religioso convencional e acabou naquilo que os religiosos convencionais chamam de herege, mas na verdade nada tem de descrente ou de ateu. A partir de certo ponto ele não externou mais seus pensamentos em palavras, mas deixou que suas ações falassem por ele. Ou que seu silêncio falasse por ele. O que seus seguidores fazem hoje ao redor do Conselheiro não é mais aquilo em que ele acreditou, nem é tampouco o que ele defende, se é que defende alguma coisa...".

Sorrio e caminho, também olhando para o chão à minha frente. É precisamente aquilo o que penso, meu rosto dá a entender isso. Stevenson tem um sorriso pálido, que logo desaparece de todo. "Senti que você compreendeu isso, pela leitura do seu artigo", continuou a falar. "Acho que experimentou alguma coisa semelhante, e isso também ocorreu comigo. Não sei bem por que nem como, mas a gente identifica essa coisa nos outros sem precisar trocar palavra a esse respeito." Passamos por velhos armazéns com suas portas corridas e descemos uma ladeira que some num ponto escuro, mais adiante.

Cafuas pouco iluminadas à esquerda e à direita mal escondem homens e mulheres que parecem encolhidos, aguardando talvez a oportunidade desta noite, ou a de suas vidas. Mas parece enfim que eles têm medo, e talvez por isso não se mostram à fraca luz dos postes. A cidade sombria se revela aos poucos e mostra a alma dos que vivem nela, a mesma humanidade nossa conhecida, como a gente das cidades grandes e a dos sertões.

No hotel, um bilhete assinado por Raimundo Amâncio conta em poucas linhas que chegou do Rio de Janeiro no "Itupeva",

130 A GUERRA SANTA DO GATO

que ancorou em Salvador horas antes do "Espírito Santo" em que vim. Ele trabalha num livro sobre Antônio Conselheiro e apreciou muito meu artigo na *Folha Fluminense*, querendo conversar sobre essa guerra porque sente que tem vários pontos de vista em comum com os meus. Diz que passará no hotel novamente no dia seguinte, pouco antes do almoço. E sugere que vamos comer alguma coisa típica da Bahia num restaurante que ele conhece e pelo qual põe a mão no fogo no que respeita à qualidade da comida típica da terra. Stevenson pediu na gerência que abrissem de novo o restaurante do hotel, pois deseja comer e beber alguma coisa antes de dormir. Fica folheando antigas páginas do *London News*, que me disse antes ter trazido porque nunca tivera tempo de ler aqueles artigos em seu país. Vou para o quarto, me lavo rapidamente e deito logo, não sem antes trancar a porta com cuidado. Fico pensando um momento no que me contou Stevenson, sobre a morte do jornalista que escreveu sobre o padre Cícero.

De longe, o canto de um galo me desperta completamente. Foi aqui, na Bahia mesmo, que eu acordava com o cantar de um galo todas as manhãs, na casa do meu senhor – estranho título – e bom amigo Malasartes, que falava mal dos portugueses e me atirou nos braços do movimento de libertação malê, ele que era branco. Talvez esse mesmo galo, que agora teria cerca de sessenta anos, seja o mesmo que me despertava de madrugada. Sorrio para mim mesmo, mas já estou sonhando. Mas quem me despertou de madrugada para sair matando portugueses e soldados em geral foi o negro Tinoco. Fazia então o que os jagunços do sertão de Canudos fazem hoje, e como eles agora eu seguia um impulso que me levava a matar desde que me dessem um motivo, um pretexto, uma justificativa, uma palavra que fosse. Desde que eu me desse essa ordem, e foi isso o que fiz por tanto tempo. Vejo ainda alguns rostos de pessoas que matei em nome de uma guerra santa, assim como vejo, já não sei se vejo... Na noite tranqüila, mergulho devagar no nada, por algumas horas.

O moço que me deixou o bilhete na véspera já está na portaria do hotel quando desço bem cedo. É um sujeito alto e pálido, com uma cicatriz na boca que provavelmente impede qualquer movimento do lábio inferior. Apesar disso ele fala normalmente. Tenho a impressão de que já vi esse rosto em algum lugar, talvez na rua ou em alguma redação de jornal no Rio de Janeiro. "Fui escrivão de polícia, jornalista, farmacêutico e agora estou dominado pela idéia de escrever um romance sobre o Conselheiro", conta ele, enquanto escolhemos cadeiras para sentar no vestíbulo do Olinda, diante de uma pequena mesa enfeitada com um jarro de flores ressequidas. "Não sei se me conhece de nome na imprensa. Sou Raimundo Amâncio e fui do Ceará ganhar a vida no Rio faz uns anos. Seu artigo, moço, mexeu comigo de verdade, porque o senhor diz nele o que nunca se disse antes dessa guerra contra Canudos, sobre a Revolta da Armada ou os anos sofridos da Guerra do Paraguai, lá nas barrancas do rio Paraná, onde lutei." Falamos rapidamente sobre aquela guerra, da qual de certo modo também participei, mas não encontramos nomes ou acontecimentos comuns nas lembranças.

Agora estamos ambos sentados, e eu continuo muito curioso. O homem esfrega as mãos enormes e sinto que escolhe com cuidado as palavras antes de falar. Ainda não sabe que rumo vai tomar esse seu livro, o primeiro que escreve. "Mas o que você procura encontrar em Canudos?", pergunto diretamente. O Amâncio se mexe na cadeira, levanta as sobrancelhas e demora um pouco a responder: "O Conselheiro, principalmente ele. Saber dele o que ninguém sabe ao certo, sua infância e tudo o mais, se há alguém no Rio de Janeiro ou na Bahia que ele autoriza a falar em seu nome. Entende?". Esse moço está supondo que eu conheço o Conselheiro, que sei tudo a respeito dele. Contenho o impulso para interrogá-lo com dureza, a fim de ver o que ele quer. Aprendi que esse não é um bom caminho. Balanço a cabeça concordando, e deixo que ele fale. Diz ter lido muita coisa sobre jagunços, que nas suas desavenças familiares são combatentes notáveis. A família do Conselheiro e outra família do Ceará viveram se guerreando por mais de um século, e ele próprio teria desenvolvido um modo de combate que seria usado doravante, o

132   A GUERRA SANTA DO GATO

que era fascinante. Entendi que eram diferentes os Conselheiros
que estávamos procurando.

"Soube que o Pajeú morreu, é verdade?", ele conta e
pergunta. "Quem é Pajeú?", interrogo, impassível. Ele fala sobre
o lugar-tenente do Conselheiro, que talvez esteja morto de fato
desde a primeira escaramuça com a Quarta Expedição, há mais de
um mês. "Olha, seu Adriano", diz ele, "sei que está desconfiado
de mim mas isso não me incomoda, não. É natural, no meio de
toda essa maldade que estão fazendo com o sertanejo pobre no
Brasil. Se eu fosse o senhor também ficaria suspeitoso", ele conclui. Balanço a cabeça, concordando, mas mantenho o silêncio.
Raimundo Amâncio conta como pensou em escrever sobre o
Conselheiro, desde que lendo diferentes jornais no Rio via alega-
ções diferentes contra o Bom Jesus do Sertão, ora afirmando que
ele falava mal da Igreja Católica, ora dizendo que ele queria devolver ao Brasil o regime monárquico. Era tudo pretexto, era
como na fábula do lobo e do cordeiro em que tudo servia de motivo para o ataque e a morte da presa. "Cada parte tem seu interesse e seus motivos", diz o visitante. "Os jornais querem agradar
ao governo e aos militares, ambos republicanos e tementes de
um retorno da Monarquia. A Monarquia volta a ter esperanças
com essa revolta do Conselheiro. E os fazendeiros baianos, o senhor sabe, temem que o Conselheiro leve para longe os braços
da lavoura, depois da sangria que foi a Abolição para eles. Sou a
favor da Abolição, é claro, questão de justiça, mas o baque foi
enorme para os donos de engenhos do Brasil inteiro. O Conselheiro emprega esse povo trabalhador na tarefa piedosa de se-
mear cemitérios e igrejas pelo sertão, sem pagar nada a eles, está
bem assim porque a fé é a fé. Em Canudos, o sertanejo descobre
que pode plantar sua roça e ser feliz, na sua pobreza habitual. O
pobre aprende que pode passar sem o rico e percebe que o rico
não pode passar sem o pobre. Essa é uma lição que milhares de
homens estão aprendendo, e pode virar o Brasil e o mundo pelo
avesso." Fecha os olhos como quem cansou de falar e pergunta:
"Não acha que tenho razão?".

Está tudo um tanto mal arrumado na história que me conta, mas o homem me parece sincero na maior parte do tempo. Acho verdadeira muita coisa que ele diz, e graça na simplicidade com que fala. Obedeço ao impulso de contar-lhe meu projeto de ir até Canudos, e de como isso me parece urgente pelos motivos que todos sabemos. Faço isso em vinte minutos e Amâncio parece entusiasmado. Diz que meu artigo na *Folha* foi muito claro a respeito de minhas crenças e meus propósitos, embora muita coisa ali tenha ficado subentendida. Combino encontrar-me com ele à tarde num terraço da Cidade Alta, e a esse encontro quero ir com Stevenson. Deixo na portaria um bilhete para o inglês e em seguida desço sozinho até a Baixa do Sapateiro, andando e olhando em volta, para rever aquele recanto da cidade que me lembra um passado meio soterrado na memória. E sinto os cheiros da Bahia, sem escolher entre uns e outros, simplesmente os perfumes naturais e mais aquilo que os olhos podem surpreender quando se está presente no que se faz, sem se perder em fantasias. A certa altura pergunto a mim mesmo o que é envelhecer, afinal, esse terreno sempre novo e insondável antes que se ponha nele os pés, finalmente.

Saboreio a cidade antiga e suas delícias, a combinação feliz dos habitantes e do casario, a fritura de peixe que seu cheiro e seu chiado denunciam num sobrado de fachada azul, o calçamento de grandes pedras das ladeiras, uma cidade dura para os velhos que têm de se ajeitar com seus músculos e ossos cansados. Numa esquina, um rosto conhecido, não, apenas um rosto parecido, os conhecidos já morreram todos, não há mais testemunhas daquele que fui, nem eu mesmo sei mais nada dele, se é que um dia já soube, se é que um dia fui. Até para entrar numa igreja é preciso juntar forças, pois todas têm escadaria na sua fachada, eu que antigamente nunca havia notado esse detalhe tão evidente. Subo e desço, leio nomes de ruas, entro em vielas e passo a mão na carapinha de moleques, mastigo uma cocada puxa e fecho um pouco os olhos para rever o homem guloso que fui, procurando prazer e o devorando, para voltar à procura e àquela eterna fome, como se o melhor para o caçador fosse procurar a caça e não devorá-la ou dividi-la com a família. A Baixa do Sapateiro vai comigo enquanto houver memória, mas hoje ela é diferente porque já não carrego comigo, ao degustá-la, a mesma bagagem de dor e de prazer.

Comemos caranguejos e siris, tomamos água de coco e falamos de doces, antes de chegar a eles. Stevenson parece ter gostado do jeito meio rude e natural de Amâncio. Ambos misturam aguardente na água de coco, e sua conversa se torna aos poucos mais suave e calorosa. Não quero ceder aos prazeres da franqueza e da cordialidade, dizendo de uma vez o que me leva até lá e o que pretendo fazer quando ali chegar. "Está tudo acontecendo muito depressa nessa guerra que começou este ano, e não quero chegar tarde demais ao meu destino, que é Canudos", digo, recostado num banco de madeira, diante da mesa tosca do lugar onde entramos para comer. "Estou pensando num modo de ir o mais depressa possível para lá, antes que minha viagem perca o sentido com a morte do Conselheiro. Porque não tenho dúvida de que ele está condenado." Stevenson acha que não temos de esperar o deslocamento por trem das tropas que vieram do Rio de Janeiro e de São Paulo no navio *Espírito Santo*, para seguirmos também. Podemos partir por nossa conta, porque as decisões militares são vagarosas e insondáveis. Pode até a tropa seguir em segredo, como muita coisa que depende de decisão de governo no Brasil, sendo os jornalistas a seguir quando a parte sangrenta da missão já estiver cumprida. Amâncio acha que poderíamos ir de trem imediatamente, sozinhos, alegando que estamos sendo pressionados pelos nossos jornais. Combinamos os detalhes da viagem até Queimadas, que será depois de amanhã. Vamos comprar as passagens em seguida.

De volta ao hotel, horas mais tarde, escrevo para Adelaide contando nossa decisão e pedindo notícias de todos. Escrevo também a Ibraim, porque não sei se no resto da peregrinação vou ter meios de mandar outra carta dizendo as coisas que ainda quero dizer. Depois, faço uma lista do que vou levar nessa pequena expedição e nela incluo só o basicamente necessário, que pode ir pendurado às costas, do jeito que sempre viajei no passado. Deixo minha bagagem no "Olinda", para pegar na volta, se não ficar em Canudos para sempre. Em seguida me sento defronte da janela, vendo a noite cair sobre a cidade. Olho a moldura sombreada de copas de árvores distantes e vários telhados mais próximos. Meus olhos percorrem a paisagem, mas não os conduzo na sua perambulação nem concluo nada sobre o que estou vendo. Com os olhos do espírito percebo cada movimento, dentro e fora de mim, e sei no instante em que acontece o que cada coisa significa. Não me apercebo de nada em mim mesmo que veja tudo em volta ou tudo entenda a partir de um centro, alguém que espia e percebe. Aquilo que não pode ser falado, e poderia chamar de "outra coisa" somente para dar idéia "daquilo que não é", carece tanto de sentido que me resolvo a pôr um ponto nesta página; quando nada, para dormir e, como das outras vezes, não sonhar.

11

O arraial, como num sonho

setembro

Chegamos à localidade de Tanquinho já ao cair da noite, depois de seis horas cavalgando. Minha idéia é fazer de novo o que fizemos em Queimadas com sucesso. A desordem no vilarejo era tanta que nos ofereceu a oportunidade de escolher três cavalos robustos e andadores para essa viagem até Monte Santo. Vila Bela de Santo Antônio das Queimadas é um lugar pobre e agora está abandonado por seu povo, que teme tanto os jagunços quanto os soldados do Sul. A estação da linha férrea, a estação telegráfica e a agência dos Correios só têm dois funcionários cada uma, e eles são sempre vistos atrás de grades, como prisioneiros. A cidade é hoje somente um quartel vasto e desorganizado. As estradas da região são medonhas, quando existem estradas, mas o destacamento de engenharia do Exército passou por aqui antes de nós, preparando o terreno para a grande invasão que está sendo planejada, e sobretudo para facilitar a chegada de mantimentos, considerado o ponto fraco das expedições anteriores. Ouvimos dizer nas feiras pelo caminho que os soldados estão passando fome porque o abastecimento é insuficiente, uma vez que ele não segue junto com as tropas, mas muito depois. Em Queimadas, onde chegamos de trem, pudemos escolher os cavalos à vontade, porque eram muitos os ani-

138   A GUERRA SANTA DO GATO

mais selados que andavam a esmo entre as barracas dos feridos que haviam retornado de Canudos, e devido ao nervosismo que toma conta de militares, estrategistas, comerciantes e sertanejos que passam por essas cidades, todos esperando o pior. Desejamos que em Monte Santo nossa sorte seja a mesma. Aos poucos e em conseqüência das dificuldades enfrentadas, o temperamento dos meus dois companheiros se revela. Alegre por natureza, Edgar Stevenson sente-se abater por qualquer problema de maior porte e tem necessidade de conversar para dirimir suas dúvidas. Amâncio é mais misterioso, viajando longas horas sem trocar palavra conosco, mas muito atento ao que dizemos. Já entrando em Monte Santo, proponho que os cavalos sejam abandonados em algum pasto, já que dois deles estão estropiados, mas que as selas sejam escondidas até que encontremos novos animais. Será talvez difícil obter aqui selas tão confortáveis quanto essas usadas pelos oficiais sulistas. Logo entendemos, percorrendo o arraial, que a desordem e a improvisação que encontramos em Queimadas haviam também tomado conta do lugar. Num largo pasto onde avistamos cinco ou seis barracas, que segundo soubemos eram de atendimento médico e de um banco de sangue, avistamos vários cavalos dentro de uma cerca. Seria perfeito se pudéssemos dormir um pouco antes de retomar a viagem, mas o tempo nos parecia precioso. Eu, principalmente, tenho o obscuro receio de perder o Conselheiro de vista até a eternidade, se não me apressar um pouco. Já no trem não tínhamos conseguido dormir bem porque em Alagoinhas entrou em nosso vagão um sertanejo com mulher e quatro filhos pequenos, e uma das crianças chorou a noite inteira, quase até chegar a Queimadas. Stevenson mudou de posição no banco, gemia, reclamava em voz baixa, levantava-se para ver a criança chorona e voltava a recostar-se. Eu, que posso dormir em qualquer posição, fiquei imóvel no mesmo lugar até que todos os pensamentos se esvaíram, e só acordei de madrugada, já o trem chegado à estação. Mas agora que havíamos decidido continuar sem descansar, tínhamos de conseguir os cavalos. Chegamos devagar e demos a volta por trás de um barracão, ficando um bom tempo observan-

O ARRAIAL, COMO NUM SONHO 139

do se havia alguém por perto. "Vamos", disse eu, e corremos os três, saltando sobre os cavalos em pêlo e galopando para longe. As selas estavam escondidas numa touceira nos fundos do único hotel da cidade. A partir daqui, é o deserto sem disfarce. Macambiras, quixabas, candombas, palmatórias, algumas plantas e árvores eu conhecia do tempo em que plantava uma espécie de horta-pomar nos terrenos da Santa Casa, para produzir os remédios que receitava sem que a direção do hospital soubesse. Contendas, à margem do rio Jucurici, é um vilarejo fantasma, também. Encontramos ali um homem a caminho de algum lugar, magro e de costeletas, que parece assustar-se conosco. "Qual é a distância para Tanquinho?", pergunto. Ele não entende por que espera alguma ameaça, um perigo qualquer, e uma simples pergunta não faz sentido em seu espírito. Quando compreende, parece decepcionado: "Sei não. Acho que sete léguas", responde. Seguimos caminho em silêncio. "É perto", diz Amâncio. "É longe", retruco, "são sete léguas de tabaréu, o que é mais de cinqüenta quilômetros." Reduzimos a marcha, para não cansar os cavalos. Amâncio puxou a rédea de sua montaria na minha direção. "Alguém me disse no Rio de Janeiro que você fala várias línguas. É verdade?", pergunta. Imagino que isso é conversa para afugentar o sono, e apenas movo a cabeça confirmando. "Conhece árabe?" Olho de lado para ele e sua atenção parece dividida entre o que fala e a paisagem. "Alguma coisa." Durante um tempo ouvimos o casco das montarias batendo no chão pedregoso. "Como é aquela oração muçulmana, aquela invocação de Deus que eles recitam e que parece um canto?", insiste Amâncio. Senti um leve arrepio na raiz dos cabelos porque a pergunta me pareceu estranhamente ameaçadora. Stevenson tinha adormecido no trote do animal e Amâncio tinha o semblante tranqüilo. Ao nosso lado e à nossa frente, só poeira, pedregulho, macambira e canela-de-ema. Falei no tom de um muezim: *Lá Ilahá Illa Allá*. O outro se voltou para mim sorrindo: "É isso mesmo, é bonito de ouvir mas não dá para entender".

140   A GUERRA SANTA DO GATO

Matamos a sede mais de uma vez abrindo cabeças-de-frade: água fresca e puríssima. A certa altura vimos de longe muita fumaça e poeira: Havíamos chegado àquele ponto onde seria necessário sair da nova estrada feita há pouco mais de um mês pelos militares. As marcas que notávamos no chão poeirento eram das rodas dos canhões, provavelmente. Verifiquei se Stevenson havia despertado e desviamos as montarias numa direção perpendicular ao caminho, alguns metros depois paralelo a ele. Nenhuma brisa soprava no momento, de modo que a fumaça dos canhões pairava sobre a larga paisagem, mas quase não se ouvia mais o estrondo deles. Começava ali a nossa guerra e, de certo modo, o nosso disfarce. O morrote no horizonte deve ser a Favela e do outro lado é o Cambaio. Agora ouvimos claramente gritos de encorajamento e até risadas. Mas em seguida são vozes ásperas, quase cantadas, de mil guerreiros escondidos atrás das grandes pedras ou no meio de espinheiros. "Avante, fraqueza do governo!", ouvimos o berro famoso dos jagunços, que os jornais do Rio de Janeiro já tinham chamado de "brado desmoralizador". Nós três apeamos dos cavalos e fizemos um largo círculo a pé, para fugir da área conflagrada. À frente, bem perto de onde estamos, ouvimos gritos de dor. "Quem vem lá, acudam", a voz repete, num gemido, parecendo que já ouviu nossa aproximação. Chego primeiro até ele: é um jovem soldado creio que paulista, de bigode ainda ralo, muito pálido. Sua perna esquerda está lacerada, talvez por um golpe de facão ou baioneta. Os lábios tremem e agora só faz gemer. Rasgo uma tira no seu dólmã e faço um torniquete, para estancar a hemorragia. Digo que não tenha medo porque daquilo não vai morrer. "Não, não", ele fala, "não quero ficar aqui." Olha para o horizonte e se abaixa: "Eles saem de todos os lados, não quero ficar aqui". Stevenson ajuda-o a ficar de pé, o que ele faz puxando a própria perna.

O soldado agarra a manga do meu casaco: "Aonde vocês estão indo?", pergunta de olhos arregalados. "Estamos procurando umas pessoas", diz Amâncio, muito calmo e já andando. "Quem?" Ficamos em silêncio, depois eu falo: "Jagunços". O soldado deixa-se cair no chão, parece que vai chorar. Olha para nós com piedade: "Sem armas? Vocês são loucos. Vão arrancar seus corações pela boca". Pouco depois parece mais calmo e conta alguma coisa da situação local. Diz que tiraram o canhão 32 do alto da Favela e o levaram para Canudos. Era alvo muito fácil. Na entrada do arraial, o canhão, ao dar seus primeiros tiros, inutilizou-se porque lhe saíram os parafusos da culatra. O tenente Barbosa, que o manobrava, parece ter morrido no acidente. Deixamos o soldado falando sozinho e seguimos entre as grandes pedras e as touceiras, sempre nos afastando da fumaça, da poeira, dos gritos – e da célebre Favela. Mal caminhamos cem metros e escutamos a voz do soldado, gritando em desespero.

Nada vejo por um instante, mas aí um sujeito magro com chapéu de couro com aba quebrada num dos lados levanta-se calmo, limpando a faca com um pano que apanhou no chão. Agito os braços e ele me vê, pondo-se em guarda. "Queremos falar com o Conselheiro, não somos soldados e estamos desarmados!", grito, pondo as mãos em concha na boca. O jagunço enfia o facão na bainha e repousa o dedo no gatilho da espingarda, deixando que a gente chegue mais perto. "E querem o que com nosso Santo Conselheiro?", pergunta, com voz lenta. Respondo no mesmo tom: "Pedir a bênção dele e ouvir a sua palavra". O homem hesita, baixa o cano da espingarda e aponta o caminho para nós: "Vão na frente, por aqui". Após caminhar um tempo ele se volta para mim: "Aquele soldado estava com vocês?". Digo que tínhamos ouvido seu choro na caatinga e como não podíamos levá-lo indo para o arraial resolvemos seguir caminho.

O jagunço faz sinal de longe para dois ou três outros e se aproxima levantando no braço sua arma para mostrar que está senhor da situação. Quando chegamos perto, vejo que estão armados com bacamartes e espingardas antigas de pederneira. No chão, dentro de um chapéu de couro, a munição: um monte de grãos de quartzo rolados e pacotes de pólvora feita de salitre das cavernas da região, segundo me haviam dito. O mais alto deles, mulato forte de rosto vincado de rugas, leva consigo um fuzil Comblain. "Pedrão, esse aí quer tomar a bênção do Santo Conselheiro", disse o jagunço, apontando a arma na minha direção. O

142   A GUERRA SANTA DO GATO

outro me olha atento e, verificando que não estou armado, pergunta de onde eu venho. Pela maneira como o tratam, adivinho que ele comanda um piquete. Digo que vivo no Rio de Janeiro e escrevo num jornal, completando que vim até o arraial para tomar a bênção de uma pessoa que admiro e respeito. "E seu nome qual que é?", pergunta Pedrão. Digo meu nome, conto que fui escravo e há muito tempo sou um homem livre. Em seguida, Pedrão quer saber quem são os outros e se desejam também falar com o Conselheiro. Stevenson e Amâncio balançam a cabeça. Pedrão revista os dois e para nossa surpresa tira um pequeno revólver de um bolso fundo de Amâncio. "Arma de moça", comenta, olhando para o jagunço a seu lado, que sorri. Guarda a arma e manda que esperemos. Depois some atrás das pedras e do capim alto. Dali vemos o leito seco do Vaza-Barris e ouvimos tiros e gritos a distância. Os jagunços se sentam nas pedras e não nos olham diretamente no rosto, mas conservam o dedo no gatilho. Cheiro de pólvora e de carniça no ar. Meia hora depois Pedrão volta no mesmo passo vagaroso. Seguimos e entramos numa casa de pau-a-pique. No seu interior há três ou quatro valas onde um homem em pé fica com o nível da rua na altura do peito. Os outros dois que vieram comigo vão ficar ali, com alguém de guarda na porta, enquanto eu devo acompanhar Pedrão.

O labirinto das ruas desiguais, com as paredes das casas todas furadas por tiros, é um lugar fácil para um estranho se perder. Perto da igreja cujas torres brancas estão igualmente perfuradas por balas, entramos numa das menores casas. No interior pouco iluminado estão três homens, e o do meio é sem dúvida Antônio Conselheiro, embora nunca tivesse visto senão alguns desenhos feitos de memória. Mais baixo do que eu supunha, veste o camisolão azul descrito por frei Marciano no seu relatório, tem um rosário nos dedos grossos e traz nos pés sandálias de couro cru. Sorri levemente quando me vê e me pergunta se trago alguma mensagem. Respondo que mensagem nenhuma, que vim somente conhecê-lo e pedir sua bênção. Agora é a minha vez de perguntar: "Há alguma coisa que alguém possa fazer para acabar com essa guerra?". Ele me olha longamente e balança a cabeça de leve: "Sim, basta que aqueles que inventaram essa guerra façam meia-volta e vão embora. Mas isso nunca vai acontecer porque eles não podem mudar a natureza deles". Observo as trincheiras dentro da casa, para manter os jagunços a salvo das balas de fuzil que atravessam as paredes. No fundo de uma dessas valas consigo ver alguns estrepes, uma armadilha cruel para matar os inimigos.

O Conselheiro dá sua bênção e pede uns caixotes a quem está ao seu lado, um homem barbudo que ele chama pelo nome de Antônio Beatinho, para sentarmos um pouco. Digo-lhe que meus amigos e eu trouxemos, cada um, um saco de pães que está nas nossas montarias, perto do leito do rio. Ele faz um gesto e um dos jagunços sai para buscar o presente. Há muita coisa que quero ouvir dele e me inclino na sua direção. Beatinho afunda a mão no bolso e fica alerta. "Tenho lido algumas coisas que escreveu e trechos de sermões que tem feito, e muitas dessas coisas tocaram meu coração", falei, enquanto ele me fitava com seus olhos brilhantes. "Escrevi no meu jornal sobre as falsidades que algumas autoridades do governo, certos militares, vários políticos e alguns jornais têm espalhado sobre o senhor, as suas obras de auxílio a comunidades e a respeito de suas andanças pelo sertão há mais de vinte anos. Agora achei que chegou o momento de conhecê-lo em pessoa e de ver tudo com meus próprios olhos." O Conselheiro sorriu novamente, como que aprovando, e uma vez chegados os caixotes sentamos os quatro: ele, eu, o Beatinho e outro a quem ouvi depois chamarem de Barnabé. O interior do casebre onde estamos é quente e a luz que chega até nós vem da porta estreita que está entreaberta. Ainda assim vejo o rosto do Conselheiro com nitidez. Sua pele tem a tonalidade de cobre de alguns habitantes do interior brasileiro, mas sem dúvida ele descende de europeus. Sua fala é mansa e os gestos com que acompanha o que vai dizendo são vagarosos, ajudados por mãos quase delicadas, de dedos muito longos. O rosto, o olhar, o modo como volve a cabeça sugerem tranqüilidade interior e, se não me engano, a virtude rara da compaixão. Uma fagulha da

144 A GUERRA SANTA DO GATO

memória me traz na hora uma linha de Ibn Ibris: "Para quem nasce pastor, basta um olhar sobre as ovelhas para apascentá-las". Tiroteio e canhoneio constantes, agora. A estranha idéia de que lá fora homens e mulheres se engalfinham numa batalha que dura há meses, enquanto aqui dentro quatro homens estão sentados num mutismo que deve ter durado alguns segundos mas parece uma eternidade, todos talvez à beira da própria morte, atravessa meu espírito primeiro como absurdo, depois como possibilidade na vida dos homens, pelo menos de alguns homens e certas ocasiões. Às vezes, o que acontece no exterior pode ser irrelevante para o que se experimenta por dentro, e aqui experimentar é uma alusão quase mistificadora, e então se descobre que se só restam palavras como imobilidade, silêncio e vazio resta pouca coisa mais a ser dita ou sequer pensada. Tenho a sensação extraordinária de que aquele velho de barba longa e escura à minha frente está conversando comigo sem que tenha ouvido de mim uma única palavra neste instante, ou falado uma só palavra. "Seguimos conversando", é o que me ocorre dizer mas não digo, e ele em silêncio me diz que é isso mesmo. Os outros dois homens conservam seu olhar no chão mas nós nos comunicamos. O canhoneio e o tiroteio falam sua língua, e ela não nos perturba porque não resistimos ao seu matraquear inofensivo. Numa fração de segundo pergunto a mim mesmo se estou sendo hipnotizado, mas não, sei o que está acontecendo conosco. "Morrer antes de morrer", diz a Grande Tradição, "permite ouvir sem os ouvidos, falar sem a boca, caminhar sem os pés." É inútil falar sobre algumas coisas com o mundo, inútil e perigoso como bem sabia Al-Hallaj, que assim mesmo se arriscou e se sacrificou pelo amor do mundo.

"O que os homens fazem em meu nome", ouço sua voz como se fosse a minha, e nossos olhos voam até a porta, de onde vêm o silvo das balas e o estrondo distante dos canhões, "e aquilo de que me acusam é afinal a mesma coisa, matéria do pensamento deles, mais distante de mim do que a mais remota estrela no céu." Sim, essa é a resposta à pergunta que eu faria, se tivesse chegado a fazer. A pergunta perfeita já contém sua resposta, e

O ARRAIAL, COMO NUM SONHO   145

por isso a dispensa inteiramente, daí a beleza do silêncio. "Que são oitocentos mil cartuchos Mauser, 350 fardos com alimentos e quinhentos cargueiros de munição, comparados com a flor vermelha de cacto que a roda de um desses cargueiros esmagou?" Acho que eu mesmo me faço a pergunta, que não é feita para ser respondida, mas a voz é do Bom Jesus. Não me lembro quando nos levantamos dos caixotes e saímos andando, eu e o Conselheiro, pelo arraial, mas o fato é que já não estávamos lá dentro. Num pequenino largo vi um adolescente morto com uma flor de sangue no peito, mas a visão não me doeu nem um pouco. Logo adiante uma menina plantava sementes na terra, milho e feijão talvez, que ela nunca mais ia colher, e mesmo sabendo disso era alegre esse plantio e serena a energia que punha na tarefa. Falávamos por dentro, eu e o Bom Jesus Conselheiro. "Esses homens que vieram com você", ele se dirigia novamente a mim, falando de pessoas que ainda não tinha visto, "preste atenção neles. Um é como uma criança e sem que saiba trabalha por você, o outro é um peão do medo e da treva, e quer cortar seus laços com a vida, mas só vai conseguir isso de modo incompleto. Não desperdice suas forças pensando nisso ou em qualquer outra coisa: tudo vai acontecer como deve acontecer."

Passamos por uma casa parcialmente destruída, perto da igreja nova onde os combates são mais encarniçados. "Não tem medo das balas?", pergunto, e logo receio parecer uma criança medrosa aos olhos do Conselheiro. "A bala que nos é destinada ainda está repousando em alguma cartucheira, porque restam coisas por fazer, não muitas mas restam, embora isso não nos seja revelado porque não é seara da mente, caro amigo." Atrás da parede destruída vejo dois homens ajoelhados, ao lado de dois jagunços em pé. Reconheço Stevenson e Amâncio, e eles me olham com ansiedade. "Não se preocupe com eles", ouço a voz do Conselheiro na minha cabeça. A um gesto de sua mão os jagunços ajudam os dois prisioneiros a se levantar: estão livres. "Para o bem e para o mal", diz a voz dentro de mim. Seguimos caminho entre os casebres e a paisagem cinzenta fica para trás. O Conselheiro se distancia agora, não sem antes me dizer que

146 A GUERRA SANTA DO GATO

ainda nos vamos encontrar muito brevemente. Desço na direção do Vaza-Barris e entro na primeira casa cuja porta está entreaberta. Há vários homens mortos dentro das trincheiras cavadas na sala escura. Olho mais de perto e me espanta ver soldados e jagunços caídos lado a lado, rostos serenos, olhos abertos procurando um céu que as paredes e o teto escondem.

Vejo outra casa, esta parece vazia e dentro dela há dois caixotes. Abro a sacola que levo comigo e tiro dela o tinteiro arrolhado e as penas que trouxe na viagem, envoltas em trapos e num pergaminho. Faço as anotações do jeito que fiz ao longo de uma vida inteira, com o mesmo tipo de pena e as mesmas pausas para pensar e lembrar. Quando escrevo entre tantos nomes de pessoas e de lugares o nome de Amâncio, paro e me arrepio um pouco, porque sinto que alguém, na verdade ele, está colado a mim e lê estas linhas por sobre meu ombro. "Viu Stevenson?", pergunto, voltando a cabeça. A resposta demora, enquanto ele caminha devagar pela sala, evitando os buracos no chão. "Não vi, não. Por quê?", diz ele, a fala arrastada. E pergunta, citando a gênese: "Por acaso sou o guardião dele?". Continuo escrevendo, mas estou atento ao que falamos. "Ele fez uma *interview* com você hoje?", Amâncio me interroga, falando do Conselheiro. Não, não vi Stevenson desde que chegamos ao arraial, mas logo me surpreendo por ter deixado apagar em minha memória alguma coisa acontecida há pouco, enquanto caminhava com o Conselheiro. Stevenson chegou-se a nós pelo meu lado e me fez algumas perguntas a que respondi com vagar. É verdade que às vezes me parecia que o Conselheiro estava dando as respostas que eu de fato dava, ou então eu repetia o que o anacoreta falava. Fiquei olhando Amâncio como se tivesse mentido, e então entendi que ele estava falando de Stevenson, não do Conselheiro. Disse que de fato dera uma *interview* ao inglês, hoje, sim. Baixei os olhos para o papel em branco e quando os levantei meu interrogante ainda me fitava, tenso. "Quando nos vimos pela primeira vez no navio", diz ele, sorrindo de lado, "já o conhecia de longe há muito tempo. Não se lembra de ter-me visto antes?" Tentei, mas

O ARRAIAL, COMO NUM SONHO   147

a memória às vezes é uma folha em branco, sem nenhum projeto de escrita.

Amâncio parece agora outro homem, seja porque usa um chapéu de feltro escuro que nunca vi nele antes, seja porque anda e fala agora com uma solenidade nova. Aquela palidez e um gosto por roupas pretas que evocavam um coveiro. Mas era também uma figura familiar muito antiga, alguma coisa como um caçador, não, como um carrasco. "Tenho uma notícia triste para lhe dar", ele fala e conserva o sorriso fugidio de há pouco. "A guerra está acabando porque os homens de Canudos estão morrendo aos poucos. Depois de Pajeú, agora o Beatinho, degolado pelos soldados da República quando foi negociar a entrega das mulheres. O próprio Bom Jesus Conselheiro está ferido, dentro da igreja nova, e se quiser vê-lo com vida corra até lá agora." Continuei minhas anotações por dois minutos, depois enrolei tinteiro e penas, e levei tudo comigo, caminhando em passo rápido pelo arraial. Nenhuma das balas que passavam por perto era a mim destinada por enquanto. Queria ver Antônio Conselheiro ainda vivo, ainda que por um minuto ou dois. Não, queria que ele ficasse para sempre em Canudos, andando por seu arraial e visitando seu povo que ele ama como os humanos deviam se amar. Ali está a igreja nova, com três homens mortos deitados em sua pequena escada branca, as cartucheiras vazias e os rostos felizes de quem acaba de ganhar um presente. Sinto alguma coisa pesando no meu bolso e apalpo para descobrir o tinteiro e as penas, que ainda quero usar hoje antes de dormir.

"Você veio, meu filho", ouço a voz dele dentro de mim enquanto ainda abro as portas do templo. Lá dentro o ar parece notavelmente fresco, e um passarinho preso no coro bate as asas inquieto junto aos vitrais partidos. "Coisas demais têm acontecido", diz o Conselheiro, que se recosta num dos bancos e estende as mãos para mim. "Agora é chegado aquele instante em que o tempo estanca para sempre, em que a nossa eterna esperança de fazer, nossa recomeçada ilusão de ser, nosso propósito eterno de mudar, nossa louca agitação de progredir, param de uma vez. O que nunca conseguimos por nós seremos obrigados a abraçar com toda nossa alma. Assim é, querido amigo." Uma antiga memória me toca a alma: o Conselheiro é aquele que no hinduísmo se designa pela palavra sânscrita *bodisatva*, "o que por compaixão e puro amor existe na carne uma vez mais". Sentamos na escadaria do altar, e ligados pelo coração ficamos ali um sem-tempo, sentindo o vento das balas junto ao nosso rosto, mas em completa paz e silêncio.

12

Interwiew com o Conselheiro
ainda setembro

*O*cenário é quase o mesmo
mas de algum modo bem sei
que meu tempo está passando.
Em meio a um fundo silêncio
cortado só pelo som
de uma voz que eu sei que é nossa
passeamos entre as pedras
do que já foi arraial
vendo mas não lamentando
os praças e os jagunços
trocando tiros e berros
cumprindo com devoção
seu papel nessa tragédia.
São tiros sem estampidos
são bocas sem som de grito
é o sopro quente das balas
alisando a nossa pele.
Procuro seguir os passos
de Antônio Conselheiro,
que caminha à minha esquerda

A GUERRA SANTA DO GATO

e pisa o chão com cuidado.
Foi para isso que vim
da minha casa distante,
para dar meu testemunho
de que por aqui passou
o Bom Jesus outra vez.
Para mim é mesmo como
se um destino se cumprisse
porque assim devia ser
para que nesse universo
tudo fizesse sentido
aos olhos do Criador.

Por isso que os personagens
que subiram neste palco
e fizeram seu papel
de um modo e de outro são
servidores a seu jeito
ainda que não o saibam
de um mesmo Chefe e Senhor
que deles somente espera
que trabalhem com amor,
enquanto não é chegado
o momento de saber
por que se vive e se morre
por que se teima em temer.

Abelardo Belatim
Cantador de feira em Estância, Sergipe,
jagunço sobrevivente do arraial de Canudos,
autor do cordel *A penitência do gato.*

INTERVIEW COM O CONSELHEIRO 151

urante algum tempo pensei que apenas estivesse desejando que isso fosse verdade, mas com o passar dos meses e com os dados que busquei ou que me chegaram às mãos sem que tivesse procurado descobri que era verdade: aquele homem que as pessoas seguiam pelo sertão da Bahia não era um homem comum. Mediante essa certeza, dediquei todas as minhas energias a encontrá-lo pessoalmente, para ouvir de sua própria voz alguma coisa que somente dela eu poderia ouvir. Ao longo da vida corri mundo e vi de tudo, mas somente agora que gastei todo meu tempo aprendi que afinal eu vim ao mundo para isso com que estou envolvido neste instante. Tudo o que desejo é conseguir anotar até o fim essa *interview*, que quero preservar não para nenhum jornal aumentar as suas vendas, mas para dar testemunho a uns poucos, conhecidos ou não, velhos ou ainda nem sequer nascidos, da força que germina os frutos, move os astros, que renova a inocência em cada coisa e põe em toda parte a sua assinatura, que somente aqueles poucos podem ler. A primeira fala é do Conselheiro:

Este que todo o mundo no sertão chama de Conselheiro é um homem comum. Como todo homem comum, posso ser tocado pela Graça, essa coisa misteriosa que vai continuar para sempre sendo um mistério insondável quando dela se fala, quando nela se pensa, quando alguém dela deseja se utilizar para qualquer finalidade. Se você ou qualquer um, meu filho, veio de muito longe para buscar alguma coisa que lhe falta ou de que tem necessidade, neste que o povo chama de Conselheiro, então esteja certo de que voltará de mãos vazias. Mas acho que você, precisamente por ser um homem comum – num mundo de homens que se pretendem extraordinários, quase todos –, não veio em busca de consolo ou de ajuda.

Como lhe disse, vim para ouvir da sua voz alguma coisa que, não sei por que, senti que somente dela poderia ouvir. Como aprendi no decorrer da minha longa vida que a fria racionalidade nem sempre nos dá o melhor conselho, deixei que essa impressão voltasse uma vez mais e sempre, acabando por me convencer de que devia vê-lo em pessoa, ainda que fosse uma vez só. Tudo e todos que falavam em nome do bom senso tentaram me dissuadir da viagem, alegando primeiro minha idade avançada e segundo a sobriedade nas decisões que se esperam de um homem velho e ajuizado, que deve dar ao mundo sempre que pode um exemplo de moderação. Como não sou o personagem que essas pessoas criaram para mim, fiz o que achei que devia e vim até Canudos procurar o Conselheiro.

Também esse que chamam aqui de Conselheiro foi durante boa parte de sua vida um peão que só sabia imitar, um mero copiador daqueles que admirava ou invejava, seja convivendo com eles, seja lendo livros religiosos que o mundo não se cansa de ler. Quando ele descobriu que melhor que entender o mundo era entender aquele que se propõe entender o mundo, tudo mudou para ele.

Por que o sonho dos seguidores do Conselheiro acabou no pesadelo de uma guerra, e por que o arraial escolhido por alguns homens para ser o paraíso na Terra terminou sitiado por seus inimigos, que se multiplicaram e juraram destruí-lo completamente, uma vez que atribuem a seus habitantes intenções políticas e intuitos criminosos?

Cada história de um homem ou de uma aldeia é um resumo da história da humanidade. Também o Conselheiro acreditou um dia na possibilidade de um recomeço coletivo, de um paraíso na Terra que começaria com um punhado de homens justos e terminaria num planeta feliz. Quando afinal ele aprendeu – de dentro para fora, e não o contrário – que a única revolução possível tem de ser feita em escala individual, já era um pouco tarde para mandar seus seguidores embora, ou para entrar sozinho no deserto, deixando para trás quem até então só desejava ouvi-lo falar. A partir de certo instante, o Conselheiro calou sua primeira voz para sempre e só passou a falar quando a Graça o tocava, sem

INTERVIEW COM O CONSELHEIRO   153

referir-se a casos isolados ou situações pessoais. Sua segunda voz durou então até a sua morte.

Por que fala de si mesmo como alguém que chamam de Conselheiro, e a que faz alusão quando fala da sua própria morte?

Até certo ponto o Conselheiro é uma invenção da boa gente que me segue e se estabeleceu no arraial de Canudos, o povo que o Sul republicano chama de jagunço. Não me identifico com esse personagem porque não me identifico em geral, mas também não me desagrada ser chamado desse jeito ou de outro. Sobre a morte, vamos então dizer assim: o que chamo a segunda voz do Conselheiro vai durar até que chegue a sua morte. Todo homem tem uma só voz e pensamento, até que por milagre ganhe a segunda voz, e essa é sem pensamento. Mas esse estado de Graça nem de longe é permanente. A segunda voz, aquela que é dada pela Luz, pode faltar de repente. Pai, pai, por que me abandonaste? Mas não vamos neste instante falar no antes e no depois, ficando somente no agora. O que chamo de segunda voz é muito mais que uma simples voz, porque é o Todo que se manifesta na duplicidade humana.

A segunda voz soa estranha aos ouvidos do pecador e precisa ser ouvida com vagar a inspiração para ser compreendida. Ela só tem compromisso com a verdade simples. Esse homem que a gente boa do sertão se acostumou a chamar de Conselheiro não podia abandonar aqueles sertanejos que o seguiam e sempre pediam para que lhes dissesse alguma coisa sobre todas as coisas. E o Conselheiro falava o que lhe vinha do coração, com a linguagem que aprendeu na infância mas numa língua que ninguém lhe ensinou e que brotava dentro dele, sem que se esforçasse em nada para isso. Resistiu à tentação de acreditar que era o Espírito Santo que lhe ditava o que dizia, e isso lhe permitiu a descoberta de que somos escravos do que queremos ser, não exatamente do que somos.

O maior pecado humano é ter uma imagem e um projeto de si mesmo, que por não coincidir com a verdade obriga o homem a mentir, primeiro a si próprio e a seguir ao mundo. Mas os andarilhos que seguiam a pessoa do Conselheiro quiseram também segui-lo espiritualmente, e aos poucos começaram a inventar uma espécie de religião. Isso era dife-

154 A GUERRA SANTA DO GATO

rente do que o Conselheiro pedia, mas nesse aspecto seus amigos não queriam ouvi-lo, permanecendo cada vez mais como tinham sido a vida inteira.

Mas foi após suas prisões, na Bahia e no Ceará, que sua gente tomou a decisão de reagir e passou a andar armada.

O homem do sertão sempre teve suas armas para caçar e se defender das vinganças familiares. Depois da prisão do Conselheiro, começou a crescer nos homens que peregrinavam com ele a idéia de que era preciso reagir à brutalidade da polícia e ao egoísmo selvagem dos fazendeiros que resolviam seus problemas matando e mandando matar. Nos seus sermões, o Conselheiro falou infinitas vezes na inutilidade de revidar sem compreender, por um instante que seja, o ódio que arma o braço do guerreiro, que atira a fundo, que aperta o gatilho, que brande o facão. O combatente que é embalado pelo ódio e pelo revide – e a guerra leva sempre a isso – não pára nunca para entender o que o está impulsionando. Se fizer isso, desiste do combate. O problema é a criança que sobrevive no guerreiro e repete a vida toda sua reação furiosa à violência de que foi vítima pelo adulto que por sua vez é também a antiga criança ferida, e assim numa longa cadeia humana de impulso e violência. Interromper o processo em si mesmo, não nos outros, é a tarefa desses poucos iluminados que às vezes são chamados de pessoas religiosas.

Outras vezes simplesmente de Conselheiro.

Assim como ninguém é autor, dono, detentor das crueldades que pratica, ou da ignorância que dita suas ações, também a paz interior, a sabedoria e o discernimento não são patrimônio de homem algum, mas alguma coisa que o visita. O centro dos pensamentos de cada homem é uma miragem, não tem consistência ou sequer continuidade, embora possa se repetir incansavelmente. A pessoa religiosa é aquela que percebe com leveza e agilidade os movimentos da própria vontade, sem se agarrar a um ser ideal que fabricou para si mesma. E a maioria dos que ou-

vem esse tipo de coisa segue um desses dois caminhos: esforça-se para entender e repete frases que ouviu a respeito, ou então desanima, considerando tudo isso muito profundo e complicado, portanto inacessível a ele, pobre mortal. Todos os pretextos são bons quando se deseja permanecer envolto nas rotinas e comodidades mentais enraizadas na infância e afeiçoadas com o tempo.

Essa guerra foi movida segundo a convicção muito espalhada no Sul da existência de um domínio maligno do Conselheiro sobre a população do interior do Nordeste, instigando-a primeiro contra a República, depois afastando-a do trabalho nas fazendas, e finalmente fazendo com que ela pegasse em armas contra as autoridades federais. Como as primeiras tropas do governo foram derrotadas pelos sertanejos que são agora chamados de jagunços, ganhou muita força a idéia de uma insurreição política contra o governo. O quanto disso é verdade?

Quase nada. O Conselheiro acompanhou desde o começo a evolução desse desentendimento, e nada fez para evitá-lo dada a certeza de que tudo aconteceria com ele ou sem ele no sertão. Em alguns sermões ele mostrou a arrogância e a pretensão da República, que pretende resolver todos os problemas humanos ao passo que considera a Monarquia derrubada como causa de todos os males. O Conselheiro disse sempre que a mudança de regime político nada muda na alma do homem, sendo portanto indiferente um ou outro. Mas a República chegou inspirada na ilusão racionalista de Augusto Comte, que dá ao homem comum um novo pretexto para continuar vendo as coisas superficialmente, e depositando suas esperanças na ciência e nas novas invenções, que segundo ela vai melhorar e salvar o homem.

A verdade é que o mundo precisa de menos miragem e de mais realidade, que dará a cada homem a coragem fundamental de investigar seus sonhos de olhos abertos, caminho único para a cura do sofrimento e da pestilência do mundo atual. Devido a essa ignorância profunda do homem pelo homem, ele consegue crer naquilo que lhe convém crer, uma vez que deseja evitar uma realidade que acredita dolorosa. Canudos hoje

156 A GUERRA SANTA DO GATO

repete a situação mais típica da vida humana na Terra, em todos os tempos. Não há espetáculo mais familiar no mundo do que esse de o homem fabricar seus demônios e atacá-los em seguida, como coisa vinda de um mundo adverso e perigoso. Quando o homem inventou o inferno, ele se inspirou no modelo da sua própria mente.

Há uma solução para o homem, ou Canudos vai-se repetir para sempre? As religiões têm ajudado a humanidade a sair dos seus labirintos infernais ou, ao contrário, têm contribuído para criar mais conflitos e sofrimentos?

Com alguns intervalos de paz, em que se sucedem o arrependimento, o remorso e o esquecimento, as coisas têm-se repetido em incansáveis ciclos, desde que o homem é homem, ou pelo menos desde o Pecado Original. Alguma coisa dramática degenerou repentinamente o homem primitivo, que era bom e puro, isto é, desprovido de pensamentos. Era a natureza que agia nele, era a Graça que o guiava pela vida afora. De repente ele se viu no centro do universo e acreditou que tudo acontecia para agradar a seus sentidos, incluindo o Sol, a Lua e as estrelas no céu, além das belezas e da generosidade da Terra. As religiões, como as filosofias, nada podiam fazer para evitar seu sofrimento porque simplesmente elas assentavam suas premissas na separação entre o homem e seu mundo, apoiada na certeza de que aquele que contempla é diferente daquilo que é contemplado. Esse "vale" é difícil de ser transposto, e mais difícil de ser descoberto, por mais próximo que esteja de cada um de nós.

E a morte, da qual agora imagino que estou mais próximo do que jamais estive antes, ela vai revelar-se um dia a um simples mortal como este que lhe faz estas perguntas?

A morte, que amedronta o homem mais que tudo, é somente um fantasma que cada um vê conforme seus próprios medos. Ninguém visitou a morte e voltou dela para contar como é, exceto os loucos e os mentirosos. Assim, se ninguém sabe nada sobre o "outro mundo", o que é que nós te-

memos na morte? Como é possível temer o que não se conhece? Tememos confusamente a perda desse mundo conhecido, que fabricamos e interpretamos desde que nascemos, isso sim. Os homens bons que vejo morrer ao meu lado ficariam confusos se lhes falasse desse modo, por isso deixo que vivam suas vidas e seus destinos.

O guerreiro perdido nos seus sofrimentos e temores pode ser um guerreiro terrível. Mas como evitar que ele seja cruel na vida comum, longe do campo de batalha? Essa é a verdadeira questão. A alma do homem, como ela se tornou após o que os velhos livros sagrados chamam de Pecado Original, é especialmente formada para ocultar grande parte da realidade, renovando sucessivas imagens de si própria que ela pensa que conseguem fazer o mundo suportável. O martírio não é uma escolha, mas a aceitação absoluta do inevitável e do real. E você, meu visitante e querido amigo, verá muito em breve que tudo é muito simples, e menos triste do que parece. Quando um minuto e mil séculos forem vistos como a mesma coisa, sem a miragem do espaço e do tempo, então será para todos nós a comunhão dos santos e a bem-aventurança.

13 Vida e morte de Adriano Muçá Miller, escravo, guerreiro, viajante, garimpeiro, jornalista, pensador e santo, meu avô

por Ibraim Muçá Miller

Meu avô foi enterrado em Canudos. Segundo creio, foi sepultado ali como indigente, um modo para ele provavelmente simpático de encerrar uma existência. Certa vez ele me disse que gostaria de ter seu corpo cremado após a morte, mas como acho que não fechava questão nesse tipo de coisa combinei com minha avó deixar tudo como estava e prevaleceu a cova rasa no sertão brasileiro, na companhia de milhares de anônimos que aquela guerra estúpida matou. O Conselheiro, sei que teve seu corpo enterrado da mesma forma, mas a cabeça foi-lhe extirpada em nome da ciência e enviada à Bahia a fim de ser examinada segundo as modernas concepções do pensamento lombrosiano, seja lá o que isso queira dizer.

Antes de guardar essa parte final dos diários de Adriano Muçá Miller, decidimos, minha avó e eu, juntar a ela uma página de esclarecimentos sobre o último ano de vida dele. E aqui quero registrar resumidamente alguns fatos e algumas datas de uma vida exemplar e bem vivida. Meu avô recebeu o nome de Ibrahima ao nascer, em 1806, na cidade santa de Tombuctu, no lugar que o peregrino Ibn Battuta chamou, cinco séculos antes, de Mali, ao sul do maior deserto do mundo e à margem esquerda do rio Níger. Aos treze anos iniciou sua rigorosa educação na Escola Teológica de inspiração islâmica que existe

160 A GUERRA SANTA DO GATO

há nove séculos naquela cidade. O lugar era então o grande empório africano de sal, cola, ouro, marfim e cobre. Filho de um príncipe e ele próprio jovem soldado a serviço da nação dos heróicos fulas, foi aprisionado depois de uma batalha no delta do grande rio e vendido como escravo aos portugueses, que o levaram para ser vendido na Bahia, do outro lado do Atlântico. Ali foi comprado pelo inglês Miller, homem bom e liberal que o batizou e lhe deu seu sobrenome. Em Salvador participou da célebre Revolta dos Malês em 1835, escapando do massacre final e fugindo para o sertão, onde começou sua marcha para o sul do país.

No ano seguinte juntou-se a uma escrava de mesma origem tribal, num quilombo do interior baiano, e teve com ela seu primeiro filho, Fasaha. Viveram os três em Ouro Preto, e Muçá fez mineração em São João da Chapada, em Diamantina, juntando ouro e diamantes. Já no Rio, nasceu o segundo filho do casal, Tiago, que morreu vinte e tantos anos depois, na Guerra do Paraguai. Minha mãe, Iracema, deixou meu pai, Fasaha, meses após meu nascimento e nunca mais tivemos notícias dela. Muçá, que havia cultivado o hábito de ler enquanto escravo do poeta Malasartes, em Salvador, tinha grande talento natural para a linguagem escrita e falada. Assim arranjou trabalho na capital como revisor em jornais e um dia acabou escrevendo artigos e *interviews*. Entre as viagens que fez, a mais longa foi talvez uma peregrinação a Meca e Medina, tendo na volta participado nas lutas da Comuna de Paris. De regresso ao Brasil, continuou a trabalhar em jornais e a dedicar-se às suas preocupações religiosas. Minha avó morreu em 1878 e dois anos depois Muçá casou-se com Adelaide, ao lado de quem viveu até o final de sua existência.

As últimas notas deixadas por meu avô Muçá, que me ensinou sempre a ver a velhice como parte inseparável da vida, podem parecer ao leitor das suas memórias um tanto imprecisas em alguns trechos, ou obscuras em certos lugares. Penso que isso se deve à dificuldade natural dos temas que o apaixonavam e às limitações da língua para lidar com esses assuntos. Conhecendo seu pensamento de muito perto e relendo sempre o que ele nos deixou, estou convencido de que é precisamente

VIDA E MORTE DE ADRIANO MUÇÁ MILLER, ESCRAVO... 161

nessas últimas notas que ele está mais lúcido, e onde tentou condensar com maior felicidade a essência do seu pensamento e da sua experiência, ligada a alguma coisa que precisava ser abordada e finalmente entendida por todos os homens, um a um.

O que me disse Raul Macieira Filho, um repórter creio que do *Jornal do Commercio*, que voltou do sertão da Bahia em outubro do ano passado, é que a sacola que pertenceu ao meu avô foi-lhe entregue pelo soldado Fernando Soares na cidade de Queimadas, porque nela foram encontrados o nome e o endereço de minha avó Maria Adelaide Moreira Miller, destinatária dos seus poucos haveres e dos cadernos de couro preto com as anotações feitas do próprio punho de meu avô, entre janeiro e setembro de 1897.

Li e reli muitas vezes essas anotações, vazadas no mesmo estilo equilibrado e ao mesmo tempo livre dos seus outros cadernos de memórias que ele deixou bem empacotados no escritório da casa de Laranjeiras, onde moramos. Suas últimas anotações, incluindo as que colocou sob o título *"Interview* do Conselheiro", podem parecer a alguns um tanto difíceis de entender, mas não porque lhes faltem a lucidez e a precisão costumeiras, senão porque a certa altura da sua "viagem" meu avô adentrou um recinto do Espírito que não é franqueado a todos, segundo também as opiniões de Soíca e Parmênidas, que por meio século foram seus companheiros nas reuniões semanais do Valongo.

O sr. Rochinha, do jornal *A Notícia*, e o sr. Rubicundo Apolo, da *Folha Fluminense*, pediram em carta à minha avó por empréstimo o diário de meu avô Muçá, para dele extrair trechos que julgassem mais interessantes, nesses meses de publicação de um farto material sobre a tragédia de Canudos. Como ela não concordasse em emprestar os cadernos, o próprio sr. Rochinha esteve em nossa casa e leu demoradamente as anotações, enquanto tomava diversas xícaras de café acompanhado de bolo de milho, servidos por Teresa.

Após a leitura, comentou comigo que nos registros feitos por meu avô havia poucas referências aos combates e ao drama da guerra, e muitos comentários políticos e religiosos que não eram exatamente o material que ele procurava. Repetiu isso depois para minha avó, descul-

162　A GUERRA SANTA DO GATO

pando-se pela maçada, e se despediu meio sem jeito enquanto eu o acompanhava até a porta.

Com o sr. Rubicundo Apolo foi diferente. Após se entender por carta com minha avó, ele me mandou um bilhete solicitando que fosse procurá-lo na redação da *Folha Fluminense*, o que fiz no dia seguinte. A caminho da cidade imaginei que essa convocação podia significar que havia algum segredo ou alguma notícia que não deveria ser revelado a minha avó, sendo esse o motivo pelo qual o aceitei logo. Na redação, o sr. Apolo fez grande elogios à inteligência e à bondade de Muçá, e certamente para me agradar disse que me achava muito parecido fisicamente com ele. Queria ler os diários, como chamou as anotações, mas antes disso queria que eu escrevesse um relato dos sucessos que cercaram a viagem e a morte de meu avô, e que ele publicaria como artigo em seu jornal. Disse ainda, que eu poderia mais tarde trabalhar na redação com ele, se a idéia me agradasse, ao que de imediato apreciei porque assim estaria mais próximo das coisas que Muçá fazia e certamente amava.

Segue-se o relato que levei à *Folha Fluminense* uma semana depois, mostrado antes à minha avó, a quem contei o que se havia passado. Ele foi de fato publicado no jornal do sr. Rubicundo Apolo dez dias depois de entregue, o que me deu muita satisfação pela homenagem que prestei a meu avô. Lamentei apenas que o diretor tivesse suprimido três ou quatro parágrafos que julgou ofensivos às autoridades, ao Exército, à Igreja e a três grandes fazendeiros baianos que mencionei. Isso me aborreceu porque de certo modo foi uma vitória de alguns daqueles homens que passaram a odiar meu avô desde o artigo que ele assinou na *Folha Fluminense*, meses antes de embarcar para Salvador e Canudos, no ano passado. Insisti mas o sr. Apolo ficou irredutível, dizendo ainda que não queria "arriscar a salubridade do jornal" que dirigia, significando essa expressão que a folha podia ter o mesmo destino de outras que foram impiedosamente empasteladas logo depois do fracasso da expedição Moreira César, em agosto do ano passado. Transcrevo a seguir meu artigo:

VIDA E MORTE DE ADRIANO MUÇÁ MILLER, ESCRAVO... 163

Adriano Muçá Miller desapareceu em Canudos no dia 3 de outubro de 1897, e seu corpo provavelmente foi enterrado naquelas valas enormes que os soldados cavaram dentro do arraial, depois de tratar da "venda" das mulheres e das crianças dos jagunços e de reunir os bens e objetos encontrados no imenso campo de batalha entre as colinas das vizinhança e o leito seco do rio Vaza-Barris. Alguns depoimentos passados de homem para homem chegaram a alguns conhecidos, que foram depois trazidos e, como de hábito nesses casos, modificados segundo a fantasia de cada depoente. Segundo a mulher de Pajeú, viúva do segundo jagunço em importância, quando os três homens do Sul chegaram ao arraial pedindo para falar com o Conselheiro, o mais alto deles, 'um negro com o rosto marcado por cicatrizes, como os bigodes de um gato', fez companhia ao Bom Jesus Conselheiro durante alguns dias, antes da morte de ambos, andando vezes seguidas lado a lado pelo arraial, sem armas nas mãos e conversando em voz baixa.

Ainda de acordo com ela, quando o Beatinho foi tratar com os soldados a rendição das trezentas mulheres, ele contou a quem estava perto que o Conselheiro e aquele negro alto que chegou na véspera tinham o corpo fechado às balas do inimigo, que passavam assobiando ao redor de suas cabeças enquanto eles conversavam sem prestar atenção nelas. O Beatinho foi feito preso e degolado diante de todo o mundo pelos militares, depois de entregar as mulheres e as crianças do arraial à soldadesca, no dia anterior. Quando lhe perguntaram, minutos antes da degola, se o Conselheiro ainda estava vivo, ele respondeu que não, havia morrido na metade de setembro, mas tudo indica que essa afirmação visou desorientar os militares. A viúva de Pajeú não soube explicar como estando ele morto podia passear pelo arraial com um visitante desconhecido uns dias atrás. Mas isso tudo é parte das lendas que vão sendo criadas em torno de Canudos, e agora também em torno de Adriano Muçá Miller. Nas casas destruídas do arraial foram encontrados muitos corpos de jagunços, e numa delas estava o do jornalista inglês Edgar Stevenson, sobre quem Adriano falava nas suas cartas. O britânico foi morto pelas costas, com tiros de revólver, segundo pelo menos dois depoimentos. Também ele foi enterrado nas grandes covas abertas nos dias 6 e 7 de outubro, necessárias segundo foi explicado pelos médicos da expedição, para evitar epidemias.

164   A GUERRA SANTA DO GATO

Sobre esse personagem misterioso, Raimundo Amâncio, a respeito de quem já se especulou muito em artigos, conversas e até conferências, acredito que tenho, a bem da verdade, alguma coisa concreta a dizer. Seu verdadeiro nome não era esse, sua curiosidade por Canudos e admiração pelo Conselheiro escondiam, na verdade, sua decisão firme de eliminar fisicamente o segundo e de matar Adriano Muçá Miller, que se tornou alvo dos rancores de um grupo pequeno mas poderoso de militares e fazendeiros, depois de ter assinado aquele famoso artigo na Folha Fluminense *em agosto do ano passado, em que denunciava o artificialismo da guerra movida pelo poder civil e militar brasileiro, apoiado por setores da Igreja e por fazendeiros do interior baiano.*

Antes de falar nesse figurante sinistro da história de Canudos, vale a pena lembrar as linhas gerais do artigo assinado por Muçá que fez com que o pseudo-Amâncio fosse incumbido de uma missão no interior da Bahia.

A tropa de linha no Brasil foi trabalhada "politicamente", se posso me expressar assim, pela filosofia de Augusto Comte que Adriano Muçá Miller definiu no seu artigo como "jogo de palavras" e "exploração emocional com revestimento científico". Mas não vou entrar nesses meandros, cujas profundidades eu ignoro completamente. O poder político da República estava intoxicado de idéias de salvação nacional e de felicidade temporal. Desde sua origem isso era visível, lembrava o artigo publicado na Folha Fluminense.

Primeiro, o nascimento da República tinha qualquer coisa de espúrio porque jamais contou com o apoio popular. A queda da Monarquia foi decretada a ponta de espada e os próprios republicanos sentiam nisso seu ponto fraco. Depois vieram a Revolução Federalista, no Sul, e a Revolta da Armada, no Rio de Janeiro.

É verdade que o Exército forçou a abolição dos escravos no último ano do Império, e isso lhe deu por algum tempo uma aura de glória. Mas os fracassos que colheu depois trouxeram para os militares muito descrédito na opinião popular, ou acentuaram uma antiga reputação de amor pela violência e arrogância que havia sido atenuada no Paraguai. Quem se sente ameaçado é depressa tentado a criar uma teoria do seu próprio medo, e aquele bando de jagunços no interior da Bahia seria um bom "inimigo a vencer", se ao menos ele parecesse ameaçador. Os movimentos populares no país sempre foram desprestigiados pelo grupo encastelado no poder, mas agora era o contrário, os

VIDA E MORTE DE ADRIANO MUÇÁ MILLER, ESCRAVO... 165

*poderosos queriam magnificar uma pequena ameaça para depois destruí-la –
e com ela destruir os adversários reais e potenciais. Essas imagens foram usadas por Adriano Miller no seu artigo famoso e malquisto.*

*A derrota da Terceira Expedição tendo à frente o coronel Moreira César –
representante dos sonhos daqueles que queriam fabricar o inimigo fatal e
opor a ele um herói forte como Floriano – provocou primeiro ódio mortal no
grupo conspirador, mas logo em seguida produziu euforia e entusiasmo. Era
aquilo que estava faltando à "guerra patriótica" tão desejada. O coronel Moreira César morreu por sua imprudência, porque se julgava um predestinado
e assim um protegido contra todos os perigos. Morreu logo no primeiro ataque, ele que esperava que o Conselheiro fugisse à sua aproximação, e o que
foi pior, seu exército debandou em pânico. No Rio de Janeiro, os jornais Liberdade, O Apóstolo e a Gazeta da Tarde foram destruídos por "populares"
– na verdade coisa planejada, como insinua o artigo de Adriano Miller. Ele
estava convencido disso mas não fez afirmações porque, embora sendo homem valente, não se sentia protegido pela "Deusa Razão", como talvez o coronel Moreira César.*

*A Quarta Expedição foi logo preparada e afinal quem a comandou foi o
ministro da Guerra. Essa batalha não podia ser perdida, e nunca antes no
Brasil um combate foi tão minuciosamente preparado como esse, nem na
Guerra do Paraguai. A essa altura o Conselheiro já havia sido apresentado
pelas autoridades e pelos jornais como o Demônio em pessoa, e seus jagunços
como criminosos cruéis. Para Adriano Muçá Miller, seus seguidores pouco tinham de identidade com ele, mas já o haviam adotado como chefe porque
precisavam desesperadamente de um guia. Os florianistas só não conseguiram
tudo o que queriam porque o presidente Prudente de Morais reassumiu o
cargo, voltando de uma longa licença para tratamento de saúde, e tirou do
jogo seu comandante, o vice-presidente Manuel Vitorino, advogado do floria-
nismo e dos fazendeiros do interior da Bahia. Adriano Miller sentiu a gravi-
dade da situação quando soube que a casa de Rui Barbosa fora atacada a
tiros por radicais que o acusavam de "monarquista perverso". A fantasia em
torno do Conselheiro havia fechado seu círculo. Duas atitudes dos militares
no final da campanha deixaram péssima impressão nos brasileiros: a degola
dos prisioneiros vencidos e a venda de crianças sobreviventes em Canudos,*

166 A GUERRA SANTA DO GATO

no final da campanha deixaram péssima impressão nos brasileiros: a degola dos prisioneiros vencidos e a venda de crianças sobreviventes em Canudos, logo após a queda da cidadela. Somente agora, depois do ódio aplacado, o horror de tudo isso começa a vir à tona. Mas agora é um pouco tarde.

Por seu lado, Adriano Miller encontrava nas palavras do Conselheiro que conseguia pinçar do monte de lixo das acusações feitas a ele uma ressonância da sabedoria sufista, ou sufi, que há meio século o afro-brasileiro havia encontrado no seu livro-de-cabeceira Mantic uttair, *chamado também* A linguagem dos pássaros, *do poeta Farid ud-Din Attar. Mas de fato foi com o documento encontrado por um correspondente do Grupo do Valongo em Sergipe, da autoria certa do Conselheiro, que decidiu Muçá a empreender sua última viagem. Nas páginas finais das suas memórias ele conta a história de uma guerra que mobilizou o Brasil mas que foi sem dúvida alguma fabricada, uma batalha empreendida por homens poderosos e bem armados contra sertanejos famintos e ressentidos que só ouviam do seu chefe o que queriam ouvir, e freqüentemente ignoravam o que deviam ter ouvido. Mas o seu era um sonho que eles afinal também fabricaram, em nome da justiça na Terra e da felicidade pessoal, aqui ou na outra vida, mas não em nome da vingança e da manutenção no poder, como seus inimigos no Rio de Janeiro e no interior da Bahia. Por último, quero deixar registrado que quando recebemos alguns objetos que pertenceram a meu avô, trazidos por um soldado e um jornalista que receberam essa missão de um certo coronel Tinoco Manhães, encontramos costurada no forro do casaco com que Muçá provavelmente morreu uma anotação que transcrevo abaixo, e que se refere com certeza a alguma questão fundamental das suas preocupações religiosas:*

"Na verdadeira meditação, o momento em que "vou meditar" é diferente do momento em que "estou meditando". Nesse em que "estou" nada acontece, mas se tenho real curiosidade, logo em seguida chega até mim – a expressão é essa mesmo, "chega até mim" – o significado de meditação, sua causa e seu efeito, sua dimensão profunda. Logo vejo que aquilo que julgava meditação era um projeto que nunca se realizava, ou era um estado confuso da ilusão de meditar. É evidente: quem queria meditar, isto é, entender alguma coisa além

VIDA E MORTE DE ADRIANO MUÇÁ MILLER, ESCRAVO... 167

do eu comum meditativo, era exatamente esse que desejava transcender a meditação. Verificada a impossibilidade, restava a inanidade. E aí alguma coisa brilhava no escuro."

🐾 🐾 🐾 🐾 🐾 🐾 🐾

O sr. Apolo publicou esse meu artigo, como já disse, com alguns cortes que achou indispensável fazer, inclusive a anotação final. Eu mesmo me cerquei de cuidados quando o preparei em casa, usando as penas e os tinteiros do meu avô, e instalado no seu escritório onde tantas vezes conversamos. Não disse tudo o que sabia, naturalmente, mas o que pensava sobre a guerra que matou tantos inocentes – como quase todas as guerras feitas em nome de artifícios e de uma coleção de mentiras aos poucos amalgamadas. Reservei algumas coisas para dizer mais tarde, se tiver essa oportunidade e a situação política permitir. Nada me impede de registrar aqui esses fatos e algumas suspeitas, que podem servir de alguma coisa se este apanhado de idéias sobre a vida de meu avô servir no futuro para ilustrar suas memórias, agora ciosamente guardadas por minha avó Adelaide Miller e por mim.

Nos meses de dezembro, janeiro e fevereiro deste ano de 1898, fiz detalhadas investigações sobre os últimos dias de vida de meu avô. Enviei e recebi cartas, procurei pessoas e pedi informações em jornais e repartições do Rio de Janeiro. Além disso reli as memórias de Muçá que minha avó me emprestou, para entender melhor sua visão do mundo e encontrar passagens que me ajudassem a compreender seus sonhos, seus encontros e desencontros, enfim, seu caminho pela vida. Não me restou dessas buscas senão a certeza de que Adriano Muçá Miller foi um homem essencialmente religioso, mas de uma religiosidade diferente da convencional e mais encontradiça em nosso meio. Ele trouxe da África o islamismo de seus pais, e essa fé deu-lhe uma visão do universo que o manteve desperto e confiante, mas não o sustentou a vida inteira. A essa coisa imponderável e indefinida mas absolutamente sólida, alguns autores, sábios e poetas chamaram de sufismo, uma estranha e milenar presença no mundo, que concilia em si a Beleza, o Silên-

168   A GUERRA SANTA DO GATO

cio, o Amor e a Compaixão. Mas deixo aos que a conheceram de perto, e sei que meu avô foi um deles, a doce tarefa de falar sobre ela a ouvintes mais atentos e de sentidos mais apurados.

Nas minhas buscas conversei por meio de três ou quatro cartas com um homem que não gostava de Muçá desde que leu seu célebre artigo na *Folha Fluminense*, o capitão Bastos Cabral, que pertencia ao grupo florianista que apredejava jornais e agredia jornalistas, sendo talvez responsável pela morte de um deles no Rio de Janeiro e de outro em São Paulo. Nas suas respostas às minhas cartas muito polidas, ele acusou meu avô de "agente dos monarquistas brasileiros sediados agora na Europa", uma tolice imensa. Disse ainda, referindo-se à sua morte, que ele "encontrou em Canudos o que esteve buscando desde que escreveu aquele artigo difamando a República e o Exército do país". O capitão Cabral nunca admitiu sua participação ou a de outros na contratação de um assassino (no caso, um sujeito chamado Venâncio) para matar o Conselheiro, Muçá e os principais auxiliares do Bom Jesus em Canudos. Mas nas respostas que me enviou em tom de discurso político mostrou conhecer bem as atividades e o paradeiro de meu avô nos seus últimos meses de vida.

Já as respostas do dr. Luís Tomasino, juiz aposentado e autor de artigos semanais no *Jornal do Commercio*, foram cordiais e até carinhosas, falando no meu avô com admiração. Para ele, Venâncio foi mandado a Canudos para se aproximar dos cabeças da revolta e eventualmente matá-los. O grupo de militares inseguros com os acontecimentos teria alimentado seu ódio na campanha feita pelos jornais contra o Conselheiro, chamado por eles de fanático e louco, e essa mesma gente ganhou apoio dos seus colegas de alta patente e até mesmo da "Associação Militar". Na Bahia existe, ele explicou, uma "loja que reúne fazendeiros do interior e do alto sertão, homens que se sentiram esbulhados pelo chamamento de Canudos, que esvaziou as fazendas de sertanejos contratados, como antes a Abolição já havia esvaziado dos braços escravos". Muitos interesses e muitos ódios reunidos, concluía o dr. Tomasino, resulta em violência e perseguição. "Nada disso é novo no interior do Brasil", escreve o antigo juiz, na sua letrinha vacilante, "mas agora os

VIDA E MORTE DE ADRIANO MUÇÁ MILLER, ESCRAVO... 169

olhos do país se voltaram para lá graças à campanha de Canudos, e tudo parece acontecer pela primeira vez."

Uma carta-resposta de Antônio Jorge de Oliveira Rocha, que meu avô tratava de Rochinha, fundador de *A Notícia*, diz ter pensado em enviar Muçá como correspondente em Canudos, no início de agosto do ano passado, mas já tendo destacado alguém para ir não pôde voltar atrás. Alguém que mandou uma grande e notável correspondência de Canudos, aliás. Segundo o Rochinha, não apenas Venâncio mas outros homens teriam sido designados para assassinar o Conselheiro e seus seguidores mais chegados, não se sabendo até agora o que conseguiram. Mas era mais provável que Muçá tivesse morrido no tiroteio que durou um dia e uma noite, e precedeu a tomada do arraial em fins de setembro, pelas tropas do governo.

Sobre o documento que inspirou a ida de Adriano Muçá Miller a Canudos, atribuído ao Conselheiro e que atraiu alguns homens para ele como um ímã, a *Epístola do Conselheiro aos Gentios*, nunca pude comprovar de fato a sua autenticidade. Na opinião de Gonçalo Costa Lima não foi escrito por Antônio Conselheiro, mas apenas guardado por ele porque expressava sua visão da vida e da morte. Segundo acreditaram outros, no entanto, o documento retrata tão fielmente o pensamento e o modo como ele o expressava, além de ser vazado numa linguagem muito parecida com a dos seus sermões, que só podia ser de sua autoria. Minha opinião pessoal é a de que Muçá, com quem convivi toda minha vida e aprendi a amar e a conhecer ao mesmo tempo, não era homem de se enganar em assuntos dessa natureza. E a *Epístola* foi que o levou, como a certo tipo de outros homens, até Canudos e aos pés daquele apóstolo que era afinal um irmão e um pai para os que se sentiram atraídos por ele, embora o Conselheiro nunca tivesse desejado reformá-los ou convertê-los, e alguns jamais o tivessem conhecido bem.

Finalmente, sobre os últimos momentos de Muçá consegui o testemunho notável de um jagunço sobrevivente de Canudos, José Gomes, obtido pelo sergipano Gonçalo Costa Lima, correspondente de Muçá. Dois meses após a matança em Canudos, o Zé Gomes esteve no Rio de Janeiro, e pude falar com ele na redação de *A Notícia*. De acordo com o

170 A GUERRA SANTA DO GATO

que contou, quando os fazendeiros do interior da Bahia se desespera-
ram com o esvaziamento das feiras e com a falta de braços nas suas fazendas, procuraram alguns juízes de Direito que estavam preocupados
com as atividades do Conselheiro, como o dr. Arlindo Leoni, de Juazeiro, para darem uma solução ao caso. Como os juízes quisessem permanecer dentro da legalidade, os fazendeiros decidiram agir por conta
própria e mandaram um emissário a Salvador para fazer alguns contatos visando a mais apoio, e em seguida esse mesmo homem acabou viajando para o Rio de Janeiro no começo de 1897, quando as primeiras
expedições fracassaram. Esse indivíduo de quem jamais se soube o verdadeiro nome teve encontros na Associação Militar, em alguns jornais
republicanos e conversou até com o secretário do arcebispo na capital.
Quando voltou a Salvador para prestar contas a seus chefes, o emissário
já sabia que "alguma providência" ia ser tomada, o que no interior da
Bahia queria significar que um matador profissional iria dar conta do
recado, eliminando como pudesse os cabeças do movimento em Canudos, e um ou outro jornalista que estivesse "envenenando o ambiente"
no Rio de Janeiro. Estavam na sua lista Antônio Vicente Mendes Maciel, o Conselheiro, Pajeú, João Abade, Antônio Beatinho e José Félix
Taramela.

Na chegada do matador à Bahia, ele incluiu na sua relação negra o
nome dos jornalistas Adriano Muçá Miller, odiado por seu artigo "contra a República" em jornal do Rio de Janeiro, e pelo fato de ser "negro
bem falante e abastado", e o de Edgard Stevenson, enviado de uma
publicação inglesa que pretendia levar para o resto do mundo a sua admiração pela figura do Conselheiro. Sabendo que esses dois haviam
chegado pelo *Espírito Santo*, ele que chegara a Salvador em outro car-
gueiro de tropas localizou-os e procurou aproximar-se de ambos dizendo estar "fascinado" pela figura do Conselheiro. Esse matador que se
fez chamar de Amâncio e aparentemente conquistou a confiança de
Adriano Miller e do jornalista inglês que o acompanhava foi por sua
vez morto no arraial de Canudos com um tiro na nuca, após cumprir
parte da sua tarefa sombria. Segundo meu informante Gonçalo Costa
Lima, outro indivíduo fora mandado no seu encalço, passando por sol-

VIDA E MORTE DE ADRIANO MUÇÁ MILLER, ESCRAVO... 171

dado, para cumprir essa missão que tinha por finalidade remover os últimos vestígios da "limpeza" ordenada pelos fazendeiros, com o apoio de alguns florianistas do Rio de Janeiro.

O final do último ato da vida de Muçá, antes que baixe a cortina da história desse que sempre me pareceu metade cavaleiro e metade monge, é a única parte dela que me incomoda um pouco, em vez de me transportar às nuvens como todo o resto. O fato de ele ter sabido que ia ser morto e não ter querido modificar essa sentença ainda agora me assombra. E o fato de ter feito anotações até o último instante de vida dá a entender que ele julgava estar cumprindo uma missão nesse fim de vida – mas qual? O jagunço José Gomes recorda tê-lo visto no seu pequeno casebre no coração do arraial, por volta do meio-dia de 3 de outubro, fazendo anotações num caderno e tendo sobre o caixote a seu lado duas ou três canetas e um estojo vazio. O jagunço estava fugindo de uns soldados no meio do casario e pensava na maneira de escapar do arraial pela estrada do Malungo, a leste, que devia estar sitiada também mas menos castigada do que as bandas da igreja nova, onde o corpo do Conselheiro estava protegido pelos últimos sertanejos sobreviventes. Zé Gomes contou que correu por aquela fileira de casas mais de uma vez, olhando em volta à procura de uma arma pois a sua havia perdido na fuga. O tiroteio era ensurdecedor e por toda parte havia mais mortos do que vivos. Recorda ter visto Muçá de pé dentro da casa, lendo calmamente o que acabara de escrever. ("Não era o tipo de homem que a gente vê uma vez e esquece logo", comentou ele primeiro com o Costa Lima e depois comigo.) Quando pareceu se dar por contente com o que tinha escrito, meteu seu caderno sob o cinto e olhou em volta, como se estivesse procurando alguém. E Zé Gomes viu então claramente que havia um estranho na casa ao lado, e que esse homem alto e pálido vigiava Muçá sem ser visto, atrás de uma porta entreaberta.

Zé Gomes diz que nunca na vida vai esquecer o que viu e ouviu. O negro alto com marcas no rosto voltou os olhos na direção daquele que parecia a morte e falou: "Quando for embora, siga naquela direção que parece a melhor para sair do arraial. Fiz a minha parte e agora faça você a sua. Diga a quem lhe perguntar que eu estou sereno e feliz neste momento, esperando a minha hora". Fez um gesto com a mão como quem se despede e olhou para o alto, enquanto guardava no bolso o papel que estivera lendo. Zé Gomes acha que parte do que ouviu foi destinada a ele próprio, e outra parte ao matador. Então correu o quanto pôde, e antes que pudesse virar a primeira esquina ouviu o estrondo do revólver, destacado no tiroteio que envolvia todo o arraial. Ficou admirado de não estar ferido e continuou a correr, só então se convencendo de que o tiro era para o negro alto. Quando me contou isso na redação, todo o mundo nos cercou para escutá-lo. Zé Gomes, um sertanejo cor de cobre, troncudo e humilde como alguns homens de sua terra, continuou: "Agora estou arrepiado só de lembrar do que ouvi o negro dizer para o seu carrasco – *Diga a quem lhe perguntar...* Era em você que ele estava pensando, não era?", concluiu, olhando para mim. Não pude responder com palavras, mas balancei a cabeça confirmando.

Memórias de um gato

Esta é a história da vida de Adriano Miller, apelidado "Muçá" — gato — por causa de suas escarificações tribais na face e pela sua agilidade. Nascido em 1806, em Timbo, estudou teologia islâmica, filosofia e línguas estrangeiras.

Em Salvador, ano de 1835, ele participa da Revolta dos Malês. A sangrenta repressão o obriga a fugir e começa aí a florescer sua fama de gato, pois não se deixa capturar.

Suas andanças o conduzem a Diamantina, onde junta uma pequena fortuna em ouro e pedras preciosas. De aventura em aventura, chega ao Rio de Janeiro. Ali trabalha ajudando um médico negro, empregando métodos "naturais".

Suas experiências o fazem mergulhar no Corão e refletir profundamente sobre o Islã e a Jihad — a Guerra Santa — que, para ele, é o combate espiritual interior, o único que merece ser vencido.

Um gato aprende a morrer

A narrativa deste livro começa durante a Guerra do Paraguai, com Adriano viajando para Assunção a fim de se encontrar com seu filho, ferido em batalha. Algum tempo após retornar ao Rio de Janeiro, parte em peregrinação para Meca. Conhece o Egito, a Áustria, a Alemanha, a Inglaterra e a França. Mais tarde, viaja aos Estados Unidos. Na volta, vive o movimento tardio da libertação dos escravos no Brasil.

O romance, escrito em forma de autobiografia, é o resultado de cinco anos de cuidadosas pesquisas no Brasil e nos Estados Unidos. Constitui um testemunho raro e precioso do século XIX sob o ponto de vista de um observador não-europeu e não-cristão.

impresso na
**press grafic
editora e gráfica ltda.**
Rua Barra do Tibagi, 444
Bom Retiro – CEP 01128-000
Tels.: (011) 221-8317 – (011) 221-0140
Fax: (011) 223-9767